出版说明

　　1840 年，鸦片战争打开了中国闭关锁国的大门，大量外国人来华，或居住，或经商，或考察，或传教，或工作。他们中的很多人记录下了在华的经历和所见所闻所感。

　　翻阅这些浸染着岁月沧桑的文字，我们可以看到从一个别样的视角描述的中华辽阔的大地、壮美的山河、悠久的历史，当然，还有贫穷落后的社会和苦难深重的人民。我们选择其中"亲历、亲见、亲闻"性的文字及历史图片资料，比如裴丽珠女士的《北京纪胜》、利特尔先生的考察记《穿越扬子江峡谷》、乔斯林勋爵的《随军六月记》等等，编辑本丛书，以期为了解、研究近代中国提供助力。

　　这些异域的作者，由于不同的文化背景与生活背景，在给我们带来观察、审视近代中国别样角度的同时，也或多或少失之因缺乏对中国社会历史文化的深刻了解而产生误会与误读，甚至是偏见。虽然，本丛书重在采择"亲历、亲见、亲闻"的叙述性文字，对整章整节等大量议论、评价类文字进行了删节，但作者的观点和情感常常是渗透在文章的字里行间的，请读者在阅读过程中予以注意。

此外，有些作品中的地名、人名是作者根据当地百姓的口语发音记录下来的，时至今日已不可考，所以在翻译过程中只能根据语音翻译，特此说明。

编者

2018 年 8 月

燕京胜景

赫伯特·克莱伦斯·怀特◎著

韩成才◎译

中国文史出版社

致谢

作者在此衷心感谢帮我搜集资料，或者帮我写作的朋友们。特别感谢裴丽珠女士。她那本精彩的《北京纪胜》，使我对北京那伟大的历史古迹产生了兴趣，并爱上了它们；此外，她还在本书的制作和编排过程中，热心地提出了许多宝贵意见。

同样也要感谢德龄公主，她热情地鼓励我编写此书，并协助我准备和修订图片说明。很多年来，德龄公主一直在紫禁城内陪伴慈禧太后，这使她具有别人不会有的优势——成为北京城内的权威。所以，她提出的建议和批评，非常宝贵。

感谢克莱斯勒女士。她对本书的编写非常感兴趣，还对书中的文字提出了许多有价值的批评。长期从事编辑和文学评论工作的她，在本书手稿的准备中，提供了宝贵的帮助。还要感谢商务印书馆的邝博士，是他首先提出写作本书的想法，并鼓励我去实现它，他还为本书起了名字。

特别感谢商务印书馆的柏克师先生、罗博先生和海尼克先生。这几位艺术家经过一年多的辛劳，制作了一件能展现北京荣耀的艺术作品，使本书的目的得以实现。也要感谢艺术家梁

1

先生，他使那些图片看起来更美丽、更吸引人。

　　最后的感谢词，要献给我的同胞兄弟——詹姆斯·亨利·怀特。他陪我走遍每个拍摄现场；他的热情合作和不倦努力，在本书的制作中发挥了很大作用。那张美丽的孔庙琉璃牌坊的照片，就是他在去年春天拍摄的。

序言

裴丽珠的《北京纪胜》极有价值，不过她在此书的"前言"里谦虚地讲，"真正欣赏北京，非西方人能力所及……因为这需要丰富的中国历史知识，深刻理解中国人的性格和宗教信仰，熟悉百姓的格言和日常用语、街头的歌声、作坊里的语言，还要了解文人的思想和统治者的意图"。

然而，在完全同意这些睿智的言辞之余，我希望对裴丽珠的观点做一些补充：到北京旅游的西方人，要比中国人更赏识北京的艺术和建筑的美。说实话，中国人对北京的喜爱不比西方人少，但是从内心来讲，他们喜欢北京是因为宜人的气候、清澈的天空，或者是它的宽敞，或者是浓厚的文化氛围。艺术美和宏伟的建筑，则不在中国人喜爱北京的理由之内。

部分中国人对北京缺少赏识，有一个浅层原因。数百年来，皇宫和皇家园林对普通人来说是禁地，甚至对一些高官来说，同样也是禁地。这里到处都是高墙，给百姓带来了许多不便，一个人想去南门，不得不先走出北门。人们每天看到的是日渐衰朽的外表、红墙、黄色屋顶，因此就不会对它们着迷。在帝王时代，文人墨客除了去陶然亭——一个位于京城最南端

1

的偏僻荒凉的亭子，也没有什么游览或集会的地方。那么，北京人对那些不适用的建筑美学视而不见，也在情理之中。

但是深层次的原因，还在于中国的哲学和艺术底蕴。中国人讲究实用，太沉迷于实用思想，进而不会欣赏那些美丽而不实用的东西。墨家曾因孔子太强调音乐和舞蹈的重要性，而激烈地批判过他。即使是孔子自己，也摆脱不了短视的实用主义。他在歌颂传说中的大禹时，强调他"卑宫室而尽力乎沟洫"的美德。这样很自然地就有了一些传说，生动描述了尧舜二帝居住在茅草屋里的故事。文官们经常用这些具有节俭美德的榜样，来反对暴君大兴土木。

崇尚自然的哲学家们（一般称作道家），同样反对高雅的艺术品。老子极力反对那些使人违背自然之道的文化。在这些哲学家看来，自然就是一切，艺术是违背自然的一种邪恶。这种崇尚自然反对艺术的思想，反而产生了一种自然艺术，对自然诗派的形成有重大影响。这些诗人赞颂寂静的花朵、动人的溪流、宏伟的山峰，以及伟大的田园生活。受自然诗派的影响，又产生了自然派画家。他们欣赏林木山石的美和品格；艺术地描绘自己偶然喜欢的自然物，以表达自己的感情和思想。

但是，就像道家的哲学家们必须身居陋室才能领悟大道一样，自然派艺术家主要从嶙峋怪石、依依垂柳、郁郁苍松中寻找灵感。建筑之美吸引不了他们，因此建筑也就不在高雅艺术之列。建筑仅仅是木匠和泥瓦匠的技艺，一种满足富豪权贵的粗俗和自大的一种技艺。

本土的哲学和艺术传统，协力合作得如此紧密，使人们完全忽视了建筑的壮美和辉煌。由于部分艺术家和士大夫阶层的漠视态度（除了景观设计），中国建筑直到今天，采用的也还是建筑行业内的传统技艺。《营造法式》首次出版于公元1130年，是一本建筑技术和设计纲要。任何人研读过它以后，就会认识到：几百年来，中国的建筑没有任何变化，从未超出那些工匠们的经验之外。艺术家们对建筑嗤之以鼻；主张实用主义的儒家学者们，经常把它看成一种铺张浪费，因为它榨取了人民的血汗。对于壮丽的北京建筑，他们今天没有依照传统的观点来评判吗？

比如颐和园，许多人认为失德的慈禧太后为了它，浪费了2400万两白银，而这些钱本是用来建立一支新式海军。例如壮观的班禅喇嘛塔，裴丽珠认为它是北京附近最杰出的石结构建筑；而中国的观察家认为，它仅是一座极度奢华的外来建筑而已，而且是用来纪念一位野蛮的宗教首领，那种宗教还是那样粗俗！还有，长城是世界七大奇迹之一。但是千年以来，长城这个主题，唤起了上千首悲伤和反抗的歌曲。它们为无数无名劳工的悲惨命运而恸哭；谴责战争和开拓疆土的野心——迫使人们修建和重修长城的原因。

一位来自西方的游客，却没有这些艺术和道德上的偏见。他第一次到北京旅行，就爱上了这里。他喜欢北京的红墙、商店那色彩斑斓的幌子、美丽的荷塘、高大的柏树，更喜欢北京城壮美的建筑。他急切地向使馆提出申请，要参观那些最近刚向公众开放的庙宇和宫殿。很快，他就探访了北海、颐和园、御苑以及各处寺庙，甚至远处的西山。稍后又去了长城和明皇陵。他快速找到一处房子住了下来。他已经游遍了北京城，但是被美丽的北京深深吸引，无法自拔。他一定要对这些由宗教、权力和财富创造的优美建筑，做进一步研究。

如此热烈赞赏北京的人，就是《燕京胜景》这本影集的作者——赫伯特·克莱伦斯·怀特先生。他是上海时兆出版社的艺术总监，1922年来到北京，此后很快就和弟弟一起学习中文。兄弟俩坦诚地讲，到北京的第一天，就深深地爱上了这座城市。在学习中文的这一年中，他们利用所有节假日和空闲时间，去探访极具艺术和建筑趣味的历史遗迹和宫殿，在北京和郊区拍摄了700张照片。

自从到上海工作以后，怀特先生每年夏天都要返回北京。现在积累的照片已有3000多张，他从中挑选了70张编成了这本影集。1925年，他的两张照片在亨德森摄影大赛中荣获一等奖，分别是影集的第一张和最后一张。

刚开始，怀特先生用的是一架格来弗莱克斯相机，在拍摄中不断研究不得不面对的一些难题：拍摄物曝光不足；取景太远或者太宽，超出了普通相机的功能。出于对艺术的热爱，他逐渐改进自己的装备，以应付各种状况。如果没有专门的透镜，拍不出第57页那异常美丽的照片——展示的是一座宫殿和它前面的大理石桥；只有使用不寻常的设备，从高高的白塔上拍摄的钟楼和鼓楼，效果才能好得令人惊叹。

现在，这本影集中的一些照片，已经成了历史的记录者。例如，圆明园中大水法的石头残骸，现在已经从当时拍照的位置上消失了。对于圆明园，蒋友仁在1767年写道："这无与伦比的花园，真是一座人间天堂。"它已经毁于1860年的战争。它的荣耀，现在只保留在蒋友仁、王致诚以及其他访客的记录中了。最早融合中西建筑风格的一座园林，现代摄影却只记录下了一些碎片，实在令人遗憾！

我相信，影集中这些北京的照片，不仅能把北京介绍给西方友人，或者使他们更喜爱北京，而且有助于教育中国人民，让他们搁置传统偏见，把北京的历史遗迹作为最有价值的艺术遗产，学会称赞和欣赏它们。让我们忘记那些对宫殿犯下的罪恶；忘记明朝那些被廷毙的大臣和御史们；忘记慈禧太后为了颐和园而花费海军经费的事。这样的事实让我们心存感激：在海军溃败，甚至清朝垮台以后，还是幸存了一些美丽的东西。让我们心平气和地登上白塔，并允许我们的思绪超越密宗信仰带来的恐怖，追忆辽太后（或许是李夫人）那美丽的故事——契丹皇帝曾在琼华岛上为她建了一架梳妆台。让我们忘记，至少是暂时忘却周围人们的悲伤和哭泣，陶醉于《燕京胜景》之中，赏识燕京胜景。

胡适

中国上海 1927 年 11 月 10 日

目录

多少年来，北京一直是文化和艺术中心，有着古老而灿烂的文化。北京城内有中国最好的文学、艺术和建筑。因此，要欣赏中国，必须先到北京看看。

北京不是我们看到的那样，仅是一座高墙围起来的城市。这座伟大的北方都城很有个性，彰显出与众不同的气质，有自己独特的优点。这座城市里有许多古老的建筑，其中一些是2000多年前的历史遗迹。走在这里，你立即就会发现：北京是中国历史和魅力的缩影。真实情况是，那些无用和被忽视的历史遗迹，正在快速破败。我们到处都能看到这种废墟，它们真是有点可怜。它们只是使这座曾经的权力中心显得更为神秘，显得更为浪漫。京城内的名胜古迹，像紫禁城、天坛、长城和颐和园这些地方，是那么的伟大、宽广，象征着悠久而辉煌的过去。看到它们时，你会被它们深深地吸引，并会感到自己的渺小。

长期以来，大家认为应该为历史名城北京出一本影集，展现都城内那些经典的历史遗迹。事实上，许多古老的地标性建筑，这些历史的珍宝，正在被无情地拆毁和破坏。因此，这样一个影集，不仅是源于兴趣而制作的一本艺术画册；而且它作为美丽北京的真实记录，是一件对中国，甚而对全世界都极有价值的作品。

在刚开始准备这本画册时，我们就认为，它应该与以往有关北京的出版物尽可能地不同。这样做不是与它们相竞争，而是在它们所做出的辉煌业绩上面，增添一份荣耀。因此，在为《燕京胜景》选择照片时，抱着这样的目的：从一个新的、完全不同的角度，把这个古老的中国首都呈现给公众。

展示在影集中的照片，是作者五年不懈努力成果中的一部分。作者以这些照片为媒介，通过展示精美的历史建筑，展现了一个首都的魅力和伟大。他在北京拍摄了3000多张照片。从这些素材中挑选出来的照片，由出版商精心复制，尽可能还原它们的真实面貌。凹版印刷是最好的复制照片技术，出版社用这种技术印刷了58张黑白照片。

中国以前的艺术类书籍，从未展示过宫殿神庙的美丽，以及它们精妙的色彩。因为这样做会遇到很多困难，且花费很高。但是这本影集完成了这一任务，影集中有12张照片，完全呈现了建筑物的原色，这是本书的独到之处。影集中共70张照片，每张都附有简短的文字描述和历史概述，这是本书另一个独特之处：让那些对北京比较陌生的读者，通过阅读影集，学会欣赏这座城市那宏伟的构思、厚重的历史、丰厚的艺术传统；通过静观这些年代久远的历史遗迹，能深刻领悟中国文化，并赞赏它们。让那些第一次到北京来的朋友，当游览紫禁城的院落、太和殿，漫步在昆明湖波光粼粼的湖岸时，不会因迷失路径而茫然失措。让那些曾经游览过北京，或者依然生活在它神秘的灰墙内的朋友，看到这本影集，就能回忆起往日的快乐时光——在城里城外追寻浪漫和奇遇。

很不幸，在搜集这些建筑的历史材料时，遇到了很多困难。中国没有多少精确的历史资料。关于皇家建筑和园林的记载更为少见，因为普通百姓，甚至是官员们也被挡在它们门外。我们的导游和其他北京"专家"，给我们提供了许多有趣的信息，但后来发现它们多数是假的，只是一些奇思妙想而已。

于是，作者放弃这些资料，转而寻找更可靠的信息来源。因此，影集中的资料，主要是作者从其他人那里搜集来的。这些人有在中国长期生活的经历，精通中国语言，还真正游览过书中所描述的景观。

在准备文字说明时，作者非常感谢裴丽珠，因为她的名著《北京纪胜》为我提供了大量素材。这本书非常精彩，每一位在中国的朋友都值得拥有一本。感谢丁韪良、德龄公主、卫三畏、格兰瑟姆、哈伯德、牛顿·海耶斯这些汉学专家，他们为我提供了很多帮助，我也自由地引用了他们的作品。他们是中国的朋友，也非常热爱北京。他们作品中提供的资料值得作者信赖。

毫无疑问，作品中会有一些错漏之处，还望读者海涵。抛开这些缺点不谈。如果看过这本影集后，西方的朋友能对中国有所了解，或能更进一步热爱这里；中国人和西方人，能赏识那些精彩的艺术遗产——遗留在当代北京那些珍贵而庄严的建筑上，那么这本影集的目的就达到了。

晨晖中的长城

中国长城，在所有古老王国的历史遗迹中，最负盛名；在中国名胜之中，也是独领风骚。即使把"中国"和"长城"作为地理名词，它们也同样出名。就像金字塔是埃及的标志，并使埃及闻名于世一样，长城也是中国的标志，并使这个国家闻名于世。

充满期待的古迹爱好者，第一次购买前往长城的车票时，内心会有一种不同寻常且莫名其妙的兴奋。老西直门是北京的西大门，我们从这里乘车出发。那现代化的火车，载着我们快速掠过肥沃的平原——上面是翻着波浪的高粱；经过以前的边境——南口；一直向上进入直隶地区的群山之中。狭隘的南口关，是像塞莫皮莱一样的关隘，有 15 英里长，这是从西北方向进京的通道。当火车慢慢地经过这里时，旁边那陡峭的石山越来越高。很快"我们就把一些小农田落在了身后。农田上石头很多，土地很贫瘠，不可能发展工业。弯弯曲曲的城墙、像哨兵一样的瞭望塔，勾勒出了群山的天际线。关口的军事设施上，还残留着中国和游牧民族那可怕的战斗痕迹。虽然这些设施现在没有任何价值、与战争没有关系，但是它们使我们回想起了以前的时代。那时候，它们是非常重要的防护设施，用以阻挡土耳其、匈奴、契丹、女真的先祖们入侵垂涎已久的华北平原"。

　　火车向上攀爬仅一个小时，就从南口到达了青龙桥这个小车站。从这里出发，沿着满是石头的马车道，步行几分钟以后，我们来到了长城上著名的八达岭门楼。八达岭长城是1500英里长城中最曲折的一段；在华北平原崎岖的山岭中央，八达岭最为巍峨壮观。要想看到长城最好的那一面，你必须登上门楼的顶部。在这里，你能看到鼎盛时期的长城，那庞大的城垛——从目力所及的地平线绵延而来，时而探入谷底，时而攀上山峰，散发着历史赋予它的光辉。

　　照片中这段极其美丽的长城，"蜿蜒盘绕在南口关上面的山峰上"，"这些山峰似乎高不可攀，即使靠人的双脚也不行。群山寂静，绵延回旋的长城更为壮观"。

万里长城

奇伟的北京城墙

　　北京给人的第一印象是城墙。人们看到这些城墙,首先会有一种奇怪的感觉,好像看到了一座监狱,但很快就意识到,这些城墙是安全的标志。城墙像巨大的灰色手臂,给居民以安全感。环绕首都的宏伟城墙,比任何其他城市的城墙都高大宽广。北京这座伟大而古老的中世纪城堡,现在最引以为傲的荣耀,还是这些城墙。千年以前,北京第一次成为中国首都。此后,北京的名称几经更迭,围绕它的城墙也变化多样。"每次灾难过后,北京的城墙都会发生变化,房屋也会重建,数世纪以来建筑的碎片,都在北京城的脚下。"城墙最早的历史,我们无从获悉;不过它最近的详情,我们还是知道。那位著名的威尼斯旅行者马可·波罗,颇为浪漫地描述了 13 世纪的北京,他这样写道:

　　关于北京城的大小,首先我们要知道:北京城是一个正方形，周长 24 英里，每边长六英里。土墙把北京城围了起来。土墙的底部足有 10 步厚，高度有 10 步多。不过，土墙的厚度随着高度的增加而减少，到顶部，墙的厚度大约只有三步。而且，城墙上有白色的城垛，上面开有射击孔。

北京有 23 个城门，每个城门上都有一座高大壮观的城楼。所以，城市的四条边上，每一边都有三个城门和五个城楼。这里应该提一下，城市的每个角都有一座城楼，里面驻扎着守护城市的军队。

今天的城墙，是明代修建的城墙。现在的北城墙，由明代第一位皇帝——洪武皇帝修建，不过，他随后就把首都迁到了南京。他的儿子永乐皇帝，在 1419 年重建了其余三面城墙。城墙比都城的街道高了 15 英尺，底部有 60 英尺厚，顶部有 40 英尺厚。毋庸置疑，这些高大的城墙，"无论围绕哪座城市，都是最精美的城墙"。内城（也被称作鞑靼城）城墙上有九个城门，每个城门上都有一个宏伟的城楼。这些城楼上备有武器，还驻守着勇敢的士兵。

照片中的城楼是著名的"狐仙楼"，它是城墙东南角的守护者。狐仙楼这个特别的名字，源于民间信仰。人们认为，一只狐狸的灵魂经常在这里出没，"因为有狐狸的幽魂来来去去，所以城门常开"。护城河环绕着整座城市。这座高大的堡垒，也倒映在护城河中。

东南城角之狐仙楼

04
颐和园

从繁乱和喧嚣的北方大都出来，大概介于北京和西山中间，你会发现一处快乐天堂。颐和园的位置极佳，位于一座小山旁边，周围自然景色优美。今日，新颐和园风采依旧，是中国艺术和技艺的永恒象征。

多少年来，此地盛名不衰主要得益于当地的玉泉。距颐和园大约一英里远的玉泉山深处，有一条溪流，河水清澈，终年不断。长久以来，围绕这条水晶般的河流，历代皇家修建了许多宫殿，也就是皇室的避暑别墅。

1860年的战争中，因为皇室出逃旧圆明园被毁。此后，这个美丽的地方被遗弃了。那座被称为圆明园的园林，皇室再也没有重建。十二年之久，朝廷没有一处夏季避暑地。

不过，慈禧太后多年来一直在准备此事。她渴望从规矩严格、沉闷单调的紫禁城中逃避出来，于是决定在旧颐和园的废墟旁边，建造一处夏日别墅。刚开始，她的提议遭到反对，不过这挡不住她。此外，她自己手里缺少资金，然而这也难不住她。她用一种相当特别的方法，解决了资金难题。她挪用了2400万两白银，这笔钱本来是政府的资金，是建造一支现代化海军的经费，却被她拿来建造了一座"安乐宫"。不过在她六十岁生日那天，万寿山被占领了。

照片中是颐和园那座美丽的门楼，或者说是牌楼。它面向昆明湖，从它这儿的大理石码头出发，路过两只巨大的铜狮子护卫，就来到了僻静的排云殿。这是一组漂亮的宫殿，红墙环绕在周围，最高的建筑是一座形似宝塔的大庙。

这座气派的牌楼，是一幢精心制作的木结构建筑，上面的雕刻样式繁多，富丽堂皇。无数门窗上那精美的窗饰、色彩缤纷的涂漆立柱、绘着蟠龙纹的横梁融合在一起，美得令人炫目。以前的那些宫廷油漆工，都是色彩大师。红色、黄色、蓝色、金色、绿色都是主色，但是这些个性鲜明的色调，被小心地调和在一起，使这座门楼呈现出一种灵动的美。装饰繁华、色彩绚丽的屋檐上面，是闪闪发光的明黄色琉璃瓦。这片黄瓦屋顶下，是光辉永存的三门牌楼。

云辉玉宇坊

人们传说，北海是位于聚宝盆中的一座宝岛。在首都所有著名的游乐场中，北海最美丽。沿整个皇城西部，从北到南有三个著名的人工湖，被称为"三海"，北海是其中之一。这三个湖的水来自西山玉泉。在蒙古忽必烈时代，玉泉水就沿着一英里多长的水道，来到了这里。在这些湖中和湖的周围，有一些闻名京城的景观。六百多年来，中国的君王都在这里修建乐苑。粼粼湖水，承载着皇室的狂欢。

著名的玉虹桥有九个玉石砌成的桥孔，横跨中海，隔开了北海和中南海。石桥北望，风景殊胜。移步美丽的北海，湖中波光闪闪，岸边绿树成荫。而处处可见的荷花，"极为慵懒地铺在水中，那厚重的荷叶长得密密匝匝，如隐士般的荷花独立其上。它们极好地体现了昏昏欲睡的夏日情调和休闲的本意"。

平静的湖水上，有一座雅致的石桥，把琼华岛和陆地连接了起来。桥的两端各有一座精美的牌楼。远处宫殿和庙宇的屋顶层层叠叠、金光闪闪、色彩缤纷。而使这一切黯然失色的是白塔。白塔气势如虹，高耸的塔尖直指苍穹，在阳光下犹如一朵梦幻般的莲花。这座位于琼华岛顶上的魁伟的宝塔，是最显著、最有趣的北京著名地标之一；并且，白塔周围那一整片绚丽的风景，又倒映在平静的水中，形成一幅令人永远难忘的画卷。这里的风景如此动人，数百年来一直被人列为"燕京八景"之一。

白塔建于公元1652年，修建在一座旧建筑上。当时西藏的宗教领袖来到北京，被敕封为达赖喇嘛，于是修建了这座白塔以示纪念。但是数百年前的辽代，有一座著名的庙宇也坐落在这美丽的山巅上。这座高塔的外形，和大多数中国建筑不一样：它有一个巨大的圆形底座，上面没有装饰；细长的塔尖高高地立在底座上面；塔尖顶端是一个优美的镀金圆球。这种塔形，有五个标志性的部分组成，在蒙古和西藏极为常见——"塔基、塔身、相轮、华盖、塔刹，分别代表地、水、火、风、空"。

堆云积翠坊

前门——北京的大门

在北面的内城（满人居住）和南面的外城（汉人居住）之间，坐落着都城内最具中国风格的两座建筑——巨大的前门和它的箭楼。照片中这座宏伟的城门，建在五百年前的明代旧址上，1900年曾被义和团焚毁。城门被焚几个月后，内部的塔楼也遭遇火灾，成了废墟。"中国人害怕厄运降临都城，很快就重建了这座塔楼。实际上自乾隆时代以来，北京也就修复过这两座建筑。"

前门城楼，是一座巨大的砖结构建筑，在中古的旧址上建成。底部的场院，曾经庄严而神圣，从这里沿两条宽阔的楼梯拾级而上，可到达城楼上的高台。华丽而光亮的大理石护栏，楼顶上流光溢彩的双层琉璃瓦，给那些暗灰色的砖石增添了色彩和活力，整个城门也因此而生机盎然、庄严而美丽。99英尺高，是前门塔楼和其他塔楼的典型特征。这样的高度，"依照方士所说，好的灵魂就可由此而自由地进入 100 英尺高的天空"。

　　城楼正中的拱门，仅高过树梢，但是几百年来只有帝王可以行走，平民百姓不得涉足，以免亵渎神圣。今天，尽管帝王的专权早已不在，那巨大的拱门却依然紧闭，门前还设有栅栏；而百姓们依然恭从旧俗，出行时避开正门，绕开这庞大的城楼，却毫无怨言。最近几年，在塔楼的两侧，穿墙而过各修了两条通道。这四条通道，极大地缓解了城市南北往来的交通压力。因为以前那单一的通道，现在完全满足不了首都的交通需求。

　　以前，连接两座塔楼的是半圆形的高墙，墙的凸面向外，对着南城。这些城墙和塔楼，构成了对内门的双重防护。因为这个内门直通都城，里面有大量的宝藏和富丽堂皇的宫殿。大多数城门还保持着历史风貌，而正阳门在 30 年前，却遭逢劫难。

　　如果你想观看北京的街头生活，前门的两个塔楼之间是最好的去处。七月的一个早晨，天气炎热，街上异常安静。街上行走着驴子、黄包车、北京轿子、新式电车，这是北京人的日常交通工具。此外，街上还常见一些人力车，车上货物沉重，车夫像马一样拉车前行。

正阳门城楼

07
琉璃塔

北京城及其周边地区，有大量历史古迹，其中那些漂亮的佛塔，最令人着迷。这些塔都是典型的东方风格，往往位于城中最美丽和最重要的地方，使城内的景观更为美丽。除了在景观装饰方面的艺术价值外，这些佛塔还具有深厚的宗教意蕴。

依据传统，建造这些佛塔的最初目的是用来"储存佛陀的舍利子"，但是儒家坚持认为，这些佛塔调整了风水，给城市、寺庙和墓地带来了平安。

北京所有的佛塔，都源于印度佛教，并建在佛教寺院附近，其中一些还年代久远。妙应寺的白塔和北海的白塔，是北京城内最著名的两座佛塔。这两座优美佛塔的建筑风格，极具藏传佛教特色。

北京的佛塔，建筑取材多样，外形和大小也不尽相同。比如，八里庄的"十三层塔"（慈寿寺塔），是一座大型的砖结构建筑，有一百多英尺高；位于玉泉山的那座著名的尖塔，全部用石头砌成；还有许多相对较小的佛塔，用的是大理石、铁和釉瓷这类昂贵的建材；著名的紫禁城内，还有一些微型佛塔，甚至用青铜或景泰蓝建成。

这些引人注目的佛塔，多数有高高的尖顶；塔身7层，每层皆有瓷砖做的飞檐。在佛塔的层数中，"7"是一个神奇的数字，不过也有一些奇怪的数字——"9"或"13"，但是大多数佛塔还是依照7层结构修建。

照片中这座优美的琉璃塔，瓦片黄绿相间，光彩夺目，不过它没有遵循惯例建在山顶，而是建在玉泉山西部向阳的斜坡上。立身塔上，可以俯瞰古老的"雨王庙"。这座为"雨王"修建的庙宇，熠熠生辉的镀金庙顶，直指苍穹；八面有数百个小佛龛，每个佛龛中都供着一尊坐佛。这座佛塔以及众多佛像，近乎完美地实现了修建佛塔的意图，也与寺庙的名称"圣缘"相应。这座华丽的小尖塔，被中国文人称为"北京万塔之最"。

玉泉山瓷塔

08

中国国家天文台

　　自古以来，中国人像大多数东方人一样，对天文学和占星术有着浓厚的兴趣。长久以来，朝廷的天文官们一直地位崇高，全国上下无不尊敬他们。天文官负责制定的皇历，一经颁布，"人们就遵循它行事，像对待经书那样尊崇它"。天朝的千万百姓，生活中遇到每一件大事，都以天文官观测到的天象作为行事准则。从一介草民到九五至尊的皇帝，都遵循着天文星象的昭示。

　　现在的天文台，或者说是观象台，最初于公元1279年——元代忽必烈统治时期在北京建成，位于城墙顶部。在那些年代，观象台都是在都城的东南角。但是永乐皇帝，那位第一个在北方建都的明代皇帝，在1409年推翻了元大都的城墙，把都城向南扩展，直至现在的崇文门和前门附近。与此同时，永乐皇帝还在城墙上改建了旧时的观象台。

起初，钦天监由国内的天文官掌管，用设计得比较粗糙的、巨大的铜制仪器观测天象。后来，阿拉伯人掌管了钦天监，为官方历法提供所有数据。到 17 世纪早期，朝廷发现了卓越的天才——耶稣会传教士南怀仁，就把钦天监交由他掌管。多年来，他一直领导着一个数学团队；并且到 1688 年去世之前，钦天监一直由他掌管。钦天监在他得力的指导下，铸造了许多新的铜制仪器，也从欧洲引进了部分新仪器。利用这些新仪器，这位著名的传教士可以介绍"西方科学中的数学理论，以代替中国那种半迷信的科学——中国的四维象限和二十八星宿理论"。

　　南怀仁为中国朝廷和人民做出了卓越贡献，为此他被"赐予贵族头衔和授予牌匾"。那块牌匾现在保存在法国公使馆。他与荣誉公会关系深厚，又深受中国朝廷欢迎，这使他在早期传教士中影响巨大。

　　照片中展示的方位仪，上面巨龙盘绕，异常美丽，肯定是中国工匠在南怀仁指导下铸造的杰作之一。天文台建在城墙上，用砖砌成。台上那套著名的天文仪器中，方位仪装饰得最华丽。在公立大学中学习天文的学生，有时还来使用这些精美的旧仪器。现在这些仪器由教育部照管。

观象台万位仪

09
紫禁城

在老北京城的城墙之内，我们今天可以看到四座独特的城：北部的满城；南部的汉城；满城正中的皇城；北京城的核心紫禁城——曾经是皇帝及其嫔妃的住所。高高的北海白塔上，有一座用大理石砌成的平台，你从这里可以饱览紫禁城的胜景——在阳光的照耀下，片片黄瓦金光闪闪。围绕这片皇宫的是六华里长的红墙；墙的四角各有一座华美的角楼，四边各有一座庞大的宫门。几百年来，神秘的紫禁城从不对民众开放，直到中华民国成立，外面的人才可以踏进这辉煌的宫殿。

"这座城的名字多么富有诗意，"裴丽珠女士惊呼道，"上天之子的禁城！当我们进一步深思它的象征意义时，崇敬之心油然而生——大国子民对皇帝深深的敬畏；皇帝巨大的精神力量；高贵血统的传承；古老而尊贵的朝廷。因此，在紫禁城那宏伟的建筑之内，还有更多精彩的内容值得我们回味。进入紫禁城，你就能感受到中国古老文明跳动的脉搏：过去低沉，19世纪却震荡激烈。这些宫殿虽然老旧，却依然记载着现代社会的风云变化。"

通往紫禁城的道路的确非常壮观，宽阔的御道上面点缀着辉煌的城门。从高大的前门开始，通过使馆区到达皇城。照片最右侧那宏伟的天安门，是皇城南部的守护者。"天安门和午门之间是紫禁城的外城，两门之间是端门。"端门在照片右数第二的位置。右数第三座建筑，就是大名鼎鼎的午门。这座巨大的门楼，是"进入紫禁城的正门，是所有宫门中最为宏伟的一座"。

沿午门而行，下一个是太和门。过太和门直接就到了雄伟的太和殿。在紫禁城辉煌的建筑中，有三座宫殿最为重要，被人们称作"三大殿"。它们都建在高大的大理石平台上，前后依次排列。第一座是气势恢宏的太和殿；第二座是中和殿；第三座是保和殿——以前科举考试中举行殿试的地方。紧接三大殿之后的一片地方，以前是满族废帝和皇室成员的住所，最近几个月才对公众开放。

禁城全景

10

一座威严的大门——端门

在紫禁城的外城，或者说是南面那部分，介于天安门和午门高耸的城楼中间，有一座宏伟的建筑，这就是著名的端门。照片里，端门掩映在绿树之中。"一道道高大厚重的宫墙，在城内分隔出许多院落。宫墙上那气派的阁楼，黄瓦铺顶高高耸立；阁楼两侧是高大的塔楼，一样的建筑风格，同样是黄瓦铺顶。端门就位于这一片院落中间，安静而又迷人。"

从宏伟的前门到神圣的紫禁城，贯穿着一条长半英里的御道，上面坐落着七个这样的大门，每个大门都有高大的阁楼和院落。在京城所有寺庙和宫殿的大门中，紫禁城南部的端门最为气派，也最具皇家风范，因为禁城内住着一位天子，管辖着世界上近四分之一的人口。

在大多数西方人眼中，一个门就是一扇门而已，他们一般不会把"门"这个词与宏伟的建筑联系起来。然而在中国可不一样！这里的"门"，往往是一座大型的建筑典范，一件具有东方神韵的建筑杰作。皇城和紫禁城内的这些大门，设计得异常精美，装饰得富丽堂皇，可与那些华丽的皇宫相媲美。

《圣经》是一本最古老的书，其中记载了东方人的生活和习俗。在中国研习《圣经》的学生，正在学习用新的方法去理解它们。对于《圣经》故事中的一些细节，以前的认识比较模糊，而我们现在可以清楚地理解了。当我们阅读充满魅力的《旧约·以斯帖记》时，看到犹太教徒末底改"坐在国王门内"。我们按照西方人对"门"的理解，会认为他身份低贱，被迫在一种简陋的环境中做事，因此对他心生怜悯。但是了解过中国的"门"后，我们就会明白，末底改不是坐在简陋的房内，而是端坐在华美的宫殿内，可能还身居要位。

高大气派的端门，建在宽厚的红墙之上。从华丽的大理石栏杆，到铺设金瓦、线条优美的楼顶，皆完好无损。这座美丽的大门被保存得很完美，连那极具东方神韵的装饰也保存得很完美。支撑屋顶的巨大木柱，以及门窗上精美的装饰都是深褐色，而屋檐却被精心地涂以白色、蓝色、绿色和金色。很遗憾，三个穿墙基而过的巨大门廊，在照片上被繁茂的树木挡住了，看不到它们。不过，这片郁郁葱葱的绿叶，为外城的宫院增色不少。

端 门

11
一个落魄的皇家庄园

　　圆明园遗址，是游历北京的必行之地。圆明园曾经是皇帝的夏日行宫，非常漂亮。曾经有两个世纪，这处人间天堂是整个帝国的骄傲，现在却成了一片废墟。满目的断壁残垣，无声地诉说着战争带来的创伤。精致的假山顶上，现在点缀的是倒塌的佛塔；风景如画的河谷中，现在填满了楼台的废墟；秀丽的莲花池上，现在跨着一架断裂的桥梁。那著名的蓬岛瑶台，上面有上百间房屋，"一度是园中的明珠"，现在也只剩下摇摇欲坠的墙壁和歪歪斜斜的栏杆了。

　　关于圆明园，传教士蒋友仁留下了一些精彩的画作；其他一些外国人，有的到这里参观过，有的曾协助修建五座"洋楼"。如果没有他们，我们不会知道当时的圆明园是多么的宏伟壮观。1767 年在北京，蒋友仁对圆明园有这样生动的描述：

　　乾隆皇帝有座乡间别苑，距首都 6 英里。他一年中有大半时光，都在这里度过；为了使这里更美丽，对它的修建与完善从未停止过。可以说它凝聚了万园之美。假山间蜿蜒而行的流水，在苑中形成一个水网。流水在有些地方绕过岩石，聚成漂亮的小湖，湖的周围砌着大理石栏杆。沿路曲折而行，秀丽的楼阁、宽敞的廊厅处处可见；它们一部分依水而建，其余的则坐落在小山坡上或秀美的溪谷中，周围花树郁郁葱葱，芳香怡人。每一处雅致的小楼阁，用来安置一位欧洲贵族和他所有的仆人，也是绰绰有余。这座御用别苑，不仅庞大无比，而且还把世界上无数的奇珍异宝汇聚其中，里面收藏了大量的家具、装饰品、字画、珍贵的木材、瓷器、丝绸和金银器具。

1737 年，乾隆皇帝命令传教士郎世宁，负责建造五座洋楼。这些魅力无穷的洋楼，用纯白色的大理石建成，装饰豪华，深得皇帝喜欢，他也以此为傲。为了使这些豪华的洋楼更加美丽，皇帝想在楼内楼外加设喷泉作为装饰。尽管多才多艺的蒋友仁一再谦让，说自己"才疏学浅"，他还是被招来负责建造喷泉。照片中展示的是著名的喷泉水法的废墟，它曾经是雕塑和工程学上的传世佳作。1860 年，英法联军的炮火摧毁了这座精美的园林，这样的损失令世人心痛。

圆明园遗址

12
皇家陵园

群山环立，形成一片宽广的山坳，它的中心是风水宝地，十三位明代皇帝的遗骸就安放在其中。这片华丽的墓地就是著名的明陵，距首都约90华里，被认为是京郊最引人注目的景观之一。明代的第三位君主永乐皇帝，可能是中国历史上最伟大的政治家和建设者，正是他选择了这块风水宝地，用于修建自己的陵寝。

明代灭亡以前，明陵是历史上由人力所建的、最大最华丽的皇家陵园之一。陵园中最引人注目的地方，大概是那条3英里多长的"神路"。神路的入口，矗立着一座宏伟的牌坊（照片中展示着它的雄姿）。这座巨大的牌坊，由五个雕刻精美的汉白玉拱门构成，约50英尺高，80英尺宽，据说是中国最精美且最大的牌坊。

从宽敞的入口望去，长长的神路两旁是绵延起伏的高粱地。沿路而行，经过精美的牌坊，通过石桥，到达庇护这个帝王谷的小山脚下。再走过大红门，就来到了碑亭，亭的周围有四座汉白玉华表。从这里开始就走上了御道。整个御道长约两华里，和唐宋时期的御道一样，道旁有整块大理石雕成的人像和兽像。走过最后两座高大的雕像，穿过三门并立的龙凤门，然后登上一个缓坡，就见到陵墓区了。这些陵墓排列成一个巨大的半圆，永乐皇帝的陵墓位于正中间。

宏伟的祾恩殿，是中国最大的陵殿。几百年来，永乐皇帝的子孙都在这里举行祭祀仪式，缅怀这位先祖。大殿宽 200 英尺，进深 100 英尺；40 根 60 英尺高的大木柱，支撑着重檐屋顶，上面铺着金色的琉璃瓦。这座木结构大殿，已经历了 500 年风雨，不过"看起来还能再屹立千年以上"。大殿后面是雅致的明楼，里面有一块淡红色的大理石石碑，上面刻着永乐皇帝的谥号。紧挨明楼背后，是一座周长一英里的假山，山上苍松郁郁。"假山下面是一个带有穹顶的墓室，里面安放着永乐帝的棺椁。棺椁上涂以厚漆，刻着佛经，放在饰有珠宝的床架上，周围堆满了奇珍异宝。"

明　陵

13
万寿山

　　一个宜人的东方早春日，四月的暖阳正从朵朵云彩后慢慢升起，我们启程前往颐和园。辞别老西直门那厚重的灰墙，步入一条绿柳依依的大道，沿路曲折而行二十多华里后，就看到了颐和园。远处的琉璃屋顶，在晨光中熠熠生辉。转过最后一个急弯，从一个阔大的木拱门下穿过，我们来到了一个宽敞的露天庭院。在这里迎接我们的，是一对守护院落的大铜狮子。

　　不久前，中国还处于帝制时代，只有慈禧太后和少数朝廷宠臣，才能享受园中那迷人的风光；而现在的颐和园已向公众开放。

　　第一进院落里，树木葱茏，排列着漂亮的雕像。眼前是壮观的排云殿。它曾经是慈禧太后接待宾客的地方。她在这里接见朝廷重臣，接待外国使臣和他们的夫人。这里和园中大多数楼宇一样，大门上贴着封条，因此只能透过窗户上的花形方格到处瞅瞅，而欣赏不到大殿的富丽堂皇。经过排云殿，向左急拐，我们走上一条弯曲的小道。道旁的灌木丛和树木，散发着阵阵花香。顺着小道，就可走到一个美丽的湖岸边。

一幅迷人的景色呈现在我们眼前。大自然慷慨赠予的美景，与出神入化的人造景观融合一起，使这里的景致更丰富，更美丽。花园和花朵、小山和小树林、山和湖、岛和桥、庙宇和宝塔把自然美和人工美融为一体；精美的带走廊的楼阁、宽敞的庭院形成了一处罕见的景点。把这一切汇聚在一起，就是颐和园。

昆明湖周长四英里多，它的北部全是雕饰丰富的大理石栏杆。站在这些大理石平台上，能看到万寿山及园内全部景观那迷人的风采。照片中展示的是园内的小山，以及山上那高大的宝塔、其他有趣的庙宇和楼阁。而这张照片，就是在这座漂亮的平台上的一个角落里拍摄的。

万寿山

14

钟楼和鼓楼

马可·波罗在他对元大都的描述中，讲到了许多历史建筑。遗存下来的只有一少部分，不过它们依然赋予现代首都以无穷的魅力。在它们当中，最值得注意的可能是钟楼和鼓楼。这两座壮观而庞大的建筑，仍然是北京主要的荣耀。它们比周围的民居高出许多，甚至比那些皇家宫殿和寺庙还要高。七百多年来，这两位"老兵"在京城人的生活中一直发挥着重要的作用。多年以来，钟鼓楼上那低沉的晚钟声、雷鸣般的鼓声，一直指导和规范着数百万居民的生活习惯。马可·波罗讲道："城市中间有一个巨大的钟表——也就是一口大钟，在夜间发声。当它响过三下，除非因病需要，所有人都不得出城。并且，出城的人行走时必须打着灯笼。"实际上，在过去的年代，甚至直到最近几年，"每当钟楼上响起钟声，人们便上床休息"。

这两座塔楼面对面，彼此之间相隔很近，也就扔一块石头的距离。它们处在一片巨大的开阔地上，几乎位于煤山和北城墙中间。据说在元朝时，它们占据的是元大都的中心位置。从照片里可以看到鼓楼——远处两座建筑中较大的那一个，它高99英尺，长也是99英尺。它那巨大的底座是用砖砌成，上面厚厚的灰浆涂成了朱红色。底座上面是木头建筑，也涂成了朱红色。再往上面是重檐屋顶，顶上铺的是闪亮的绿色琉璃瓦。支撑屋顶的大柱子将近40英尺高。从底座到高处的大厅，共有69层石头台阶，走起来不那么舒服。大厅里有三面大鼓——最大的在中间，较小的在两边。夜间敲响中间这面大鼓，为人们报时。

　　以前鼓楼里还有一个漏壶，或者是水做的钟表。"它有四个容器，从上到下依次连接；水从最高处的容器中滴到最低处的容器里，形成一个计时器"，它是整座城市的钟表。站在鼓楼高高的门廊里，可以俯瞰京城和近郊。优美的钟楼里有一口铸造丁永乐年间的人钟，重达23000多磅。这张远景是钟鼓楼、近景是北海的照片，是我们在白塔塔基上拍摄的。白塔是另一个历史遗迹，能把我们带回辉煌的蒙古时代。

钟楼和鼓楼

15
南海的宫殿

在紫禁城的西墙外，有一组美丽的花园和宫殿。这些不太正式的亭台和居所，坐落在南海岸边的树林中，是以前的皇帝们所修建的冬宫。这里距离皇宫很近，然而又很安静，便于皇帝们从紫禁城内严格的宫廷礼节，以及多少有点紧张的日常政事中摆脱出来，以放松休闲。

一般是通过南边的新华门去往冬宫。这座高两层的皇家大门，说是一座大门，其实更像一座宫殿。据说，乾隆皇帝宠爱一位回族妃子，专门为她修建了一座清真寺。但是，按照皇室规定她不能进入寺内，于是皇帝就修建了这座大门，使她能站在门楼上，凝神观望街道对面的清真寺。

"一经过新华门，精彩的美景便展现在我们眼前。脚下是南海，里面有瀛台仙岛；往远处看，冬宫宏伟的屋顶鳞次栉比，在阳光下熠熠生辉。"附近是皇家船库，里面停泊着笨重的驳船。现在这些船，"当总统举行宴会的时候，负责接送往来渡湖的客人"。

我曾受黎元洪总统邀请，参加了一次总统宴会。到这里时，那些庄重的大船都已准备好了，船很快就平静地行驶在湖面上，划出片片涟漪，前往美丽的瀛台。照片中展示了瀛台的一个角落。这座小仙岛上，绿树成荫，处处都是漂亮的楼阁和迷人的假山。我们在这里稍做停留，静听水波荡漾。水中每一个波纹，似乎都在低声讲述北京过去的浪漫故事——伟大的勇士忽必烈可汗，在这里设宴招待上千名王公贵族时，白天它呈现出一种原始的壮美，夜晚则展现了盛宴的高贵；后来的慈禧太后，继续在这里举办奢华的宴会，南海花园里时时充满了灯光、音乐和笑声。

光绪皇帝那不幸的经历，给汇聚在这里的美景，平添了些许感伤。他被囚禁在这里好多年。1902 年清皇室流亡在外，返京后不久他就驾崩于此处的宫殿。他居住的地方是一间小凹室，与中国平常百姓的卧室非常像，但是陈设华贵，里面还有一个罕见的大玻璃窗。这位虚弱、忧郁的囚徒，看着外面"他那美丽的小天地"，应该会哀叹自己孤寂、绝望的处境—— 一位生来就应掌权的皇帝，却一生都受人管制，只有死亡才能解除自己身心的痛苦。

南海瀛台

　　京城外有一条著名的林荫大道，两旁皆是依依垂柳。往来于京城的游客，乘车沿这条大道行走时，可以看到路旁有一座奇怪的塔形建筑，掩映在古老的松柏林中。它离大道有一里多远，处于靓丽的昆明湖和灰暗的旧西直门路途中间。这座被荒废的建筑，曾经非常辉煌，现在只剩下几座孤寂的小塔，高高地立在北京西郊皇陵和一些墓地之间。

　　五塔寺，就像它奇怪的名字一样，表现出强烈的印度异域风格。实际上，据说它是菩提迦耶佛寺精确的复制品。五塔寺建于600年前，裴丽珠在她的名著《北京纪胜》中，精彩地描述了它生动的历史。文章内容有一个醒目的标题——"大正觉寺"，在其中她这样讲：

　　在永乐年间早期，中印之间的交流有了新的发展。一位印度高僧前来中国首都，并受到皇帝接见。他向皇帝呈送了五张金佛像，还有一个石头做的金刚座宝塔模型。印度的金刚座，是一种纪念塔的名字。人们在释迦牟尼成道的地方，修建了一座宝塔以示纪念，这就是金刚座。永乐皇帝的父亲也曾是僧人，因此，他赐予这位僧人高位，并把北京西部的真觉寺（建于前朝蒙古时期）指派为高僧的驻锡地，同时承诺仿照高僧带来的石头模型，在这里修建一座寺庙，作为供养金佛像的圣地。不过，根据寺庙旁的石碑记载，新寺庙直到成化年间才修建装饰完毕。石碑上的铭文也是由当时的成化皇帝题写。这就清楚表明，五塔寺的大小和每一处细节，都和印度的金刚座宝塔一模一样。寺庙因五座宝塔而得名，而现在也只剩下了这五座宝塔。宝塔坐落在庞大的方形基座上，基座周围装饰着成排的佛像。这里没有了朝拜者，也没有了法器。这里没有僧人，它完全被遗弃了，只有匆忙的游客偶尔来看一下。

宝塔那壮观的台基，全部用粉红色大理石砌成，高约 30 英尺。台基上的五座大理石宝塔，大约有 20 英尺高，上面刻有印度文字，装饰着佛陀著名弟子的坐像。

五塔寺

17
游览千柱长廊

　　毫无疑问，美丽的颐和园是北京城最迷人的景点。它以前的名字是万寿山，后来被主政的慈禧太后改名为颐和园。在漫长的主政期后几年，她重建并装扮了颐和园。这位皇太后极具艺术天赋。昆明湖边这处安静的景点，是自然美景和人工建筑的完美结合，充分展现了她的艺术天分。

　　山、树、水一直是中国艺术中的主要元素，少了它们三个，任何画面都不完整。万寿山林木繁茂，山脚下还有波光粼粼的昆明湖。因此，这个地方就被艺术家慈禧太后发现了，并作为她处理繁忙政务之后的休闲地。她不惜重金修建和装饰这里，使它比以前更美丽。

　　临湖而建的皇家消夏别署，"像一座小镇，聚集在昆明湖北岸。其中一座两层小楼，"是皇帝的住处，"它临湖而立，犹如君临天下，从中可一览湖中景色"。再往前面一些，是太后的住所，同样面朝昆明湖。里面有一座太后专用的戏台，栏杆上雕着波浪，龙纹盘绕。这些住所，像中国所有的宫殿一样，由一系列带游廊的楼阁构成。宽敞的庭院周围有开放式走廊，它们把这些楼阁相互连接在一起。到了夏天，庭院里鲜花盛开，香气怡人。在庭院上面盖上五颜六色的席子，这里就成了凉爽的户外客厅，像西班牙式的露台一样。

从太后的住处延伸出一条华丽的步廊，里面装饰着数百张图画，画中展示的是颐和园内各种各样的景色。这色彩绚丽的步廊，是石头基座，装有大理石栏杆，蜿蜒在昆明湖北岸。这条凉爽迷人的走廊弯弯曲曲，沿途经过美丽的楼阁、优雅的大理石桥、耀眼的牌楼、风雅的大理石码头，终点是著名的石舫。从首至尾，长廊两侧都栽着高大的松柏，树荫中还有石头小径。

照片展示的仅是这条华丽长廊的一小段。长长的步廊，每隔一段就有一座优美的凉亭。这些凉亭不仅使湖边景致显得不那么单调，而且为太后提供了许多休息的地方。她会坐到亭子里放松自己——缓缓举杯，品一口茶；在寂静的夜晚里，静听银色波浪轻拍石岸。

颐和园长廊

18
班禅喇嘛塔

著名的黄寺是一座佛教寺庙，在北京北部，距京城两英里。寺里有一座班禅喇嘛塔。在现今中国的佛塔中，它是最引人注目的一座，也可能是最精美的一座。照片中这座壮美的佛塔，是乾隆皇帝为了纪念班禅喇嘛而建。班禅喇嘛是一位来自西藏的活佛，到京城拜访皇帝时感染了天花，1780 年在北京附近的宅邸里圆寂。天子既渴望表达自己对喇嘛信仰的虔诚，又企盼与蒙古僧人保持友好关系，于是把这位活佛的遗体装在黄金打制的棺材里，送回西藏交给达赖喇嘛。随后，皇帝又准备了一口珍贵的棺材，在里面放上班禅喇嘛的衣服，并在棺材上面建了一座漂亮的白色大理石佛塔寺庙，以永久纪念这位高僧和他的贡献。

我们离开老安定门，向北走过一片尘土飞扬的平地，来到这座古寺的高墙外面。寺庙屋顶的黄色琉璃瓦，在阳光下金光闪烁。我们跟随上千名虔诚信徒的脚步，前往寺庙。几百年来，虔诚的信徒们来到这里，"在寺庙宝塔前虔敬膜拜，并献上供品"。我们和沉默的朝拜者站在一起，都处在宝塔的阴影下面。这座佛塔体积庞大，雕饰精美，塔尖闪着金光，周围环境优美、松柏成荫。看到这一切，那中国皇帝为庙宇和神殿选址的杰出能力，让我们非常佩服，他们"使自然之美为宝塔增色"。

裴丽珠讲：

它是北京附近最好的现代石结构建筑。这座尖顶佛塔，建筑结构模仿的是藏式佛塔；外形模仿的是古代印度佛塔的样式，但是圆顶与印度制式不一样，倒了过来。塔尖由十三层阶梯样的部分组成，象征着佛教的十三天。它们上面是镀金的铜顶。这座宝塔以及四座配塔、饱受风蚀的汉白玉牌楼，坐落在一个大理石平台上。宝塔从波浪形的塔基到镀金铜顶，高达30英尺；上面还有浮雕。这种装饰和构造，使我们想到了蒙古的坟墓，以及阿格拉和德里的宫殿。塔身八面还有浮雕，展现的是班禅喇嘛生前的生活情景：降生时出现异象、出家、与异教徒斗争、教授经典、圆寂。浮雕上有一个令人悲伤的场景——圣僧圆寂时，一只悲痛的狮子用爪子擦拭着自己的双眼。这些雕饰特别精美，特别华丽。

黄寺石塔

19
午门

中国古代的皇帝们，从最早的时代就力图以建筑为媒介，向他们的子民传达皇权神圣的思想。因此，纵观中国首都的历史，可以发现：皇宫体现着皇权的神圣，一切都以它为中心。北京的紫禁城，居于皇城中间，闻名于世已有几百年了。马可·波罗这样描述早期的宫殿：

你必须知道，一年之内的十二月、一月和二月这三个月，忽必烈可汗都居住在中国的首都——元大都。城内有他宏伟的宫殿，现在我描述一下它们。

皇宫由高大的城墙围绕着，它们形成一个边长一英里正方形；也就是说，城墙的周长是四英里。你还要清楚，这些城墙很厚，是一个很好的防护。每个城墙角上都有一座精美而气派的角楼，里面存有成套的御林军作战装备，如弓箭、马鞍、缰绳、绞索等军队必需品。并且在每两座角楼之间，另外还有一个与它相似的门楼，所以，一圈城墙上就有八座巨大的城楼，用于储备军用品。

美丽的紫禁城如此宏伟的构思和规划，应归功于勇敢的、乐于开拓疆土的蒙古人；但是北京那些最值得注目的宫殿庙宇，应归功于永乐皇帝这位强大的建设者。能看到今天的紫禁城，我们应该感谢永乐皇帝。

著名的午门是进入紫禁城内部的正门，也是最宏伟的宫门。这座像堡垒一样的庞大建筑，有五个高大的角楼，它的华丽和气派，仅次于太和殿。因此，这张罕见的照片，是在环绕庭院的漂亮石桥上拍摄的。午门中间有一个高大的拱门，是皇帝外出和回宫的通道。每当皇帝从这里经过时，塔楼上的大钟就会发出低沉的声音，向世人宣示皇帝的行程。

这座壮丽的皇家大门，也经常用于其他重要国事。皇帝在这里检阅凯旋的军队，也在这里举行受俘礼。裴丽珠讲，"皇帝还在这里举办盛大仪式，封赏诸侯和使节；颁布全国的新年历"。

午　门

20
东岳庙

农历新年早晨，北京这座骄傲的都城，披上了节日的盛装。太阳刚刚升起，城内的人们就沿着宽阔的街道奔往城门。他们穿过老旧的齐化门，汇入心里带着热切期盼的人群，前往同一个目的地。

我们也加入了队伍，十分钟后来到一座庙宇门口。这座庙宇，即使是在北京城内，也显得很是壮观。四座木质牌楼，排成一个四方形立在路边，是寺庙的标志。这座庙宇坐落在这里已有一千多年了。大门两侧各有一只守门的石狮子。成捆儿的燃香，在桌子上堆得很高，随时准备出售。我们走进去，发现这宽敞的院子里一片生机，充满了生活气息。因为院内正在举行传统庙会，数不清的货摊上，呈现出一派火红的东方色彩。我们穿过大门，来到了神圣的内院。上千名虔诚的礼拜者正在祷告，同时，数不清的铜香炉里升起缕缕香烟，弥漫在宽敞的门廊里。

中国到处都有道教神殿，而东岳庙很神圣，它就像自己的名字一样，是其中的经典。它年代久远，其中一些备受欢迎的神像，可以把我们带回一个古老的时代。现在的庙宇，建在元朝建筑的基础上。

主殿位于院子正中间的高台上，门前有一条石砌的坡道通往地面。照片中展示的就是这座漂亮的神殿。阴暗的大殿里"烟雾缭绕，人头攒动，低低的祈祷声不绝于耳"，东岳大帝端坐在其中。东岳大帝在道教神仙中的等级，"几乎和造物主的地位一样"。换句话说，东岳大帝也就是泰山神，泰山是位于中国山东的圣山。

在东岳大帝的神殿附近，有一座和它相似的神殿。在这座神殿的角落里，我们发现了著名的文昌帝君，"所有那些渴望取得功名的人，都把毛笔和砚台作为供品献给他"。东岳庙内还有一些较小的神殿，里面有许多神仙。"其中大多数是掌管凡人身体的神仙。许多患有诸如发烧、风寒、咳嗽、肺痨、腹疼、出血、牙疼这些小病的人，会来到这里，讨好掌管这些疾病的神灵。因为'从头发到脚指甲，身体每个部位'都由相应的神掌管着。为了双倍保险，这些病人还会去主殿后面的一座神殿中，祭拜一匹铜马。据说这样能治愈所有疾病。"这座庙宇庭院宽敞，漂亮的楼阁举目皆是，闪亮的石碑鳞次栉比，美丽的古树散布其中，是北京诸多神庙中最吸引人的神庙之一。

东岳庙

21
御苑内的宝塔

环绕在京城西部和北部的那些山脉十分壮丽。讲述北京的故事，如果忘记了它们，那么故事就只讲了一半。这些著名的西山，在京城外部形成一道连绵起伏的堡垒，"它们把华北平原和蒙古高原分割开来，延伸一百多英里后直至戈壁沙漠"。

但是，为什么西山与北京的联系如此紧密？为什么北京能长期成为世界上最古老、人口最多的国家的首都？把首都选择为北京，确实有些奇怪。哈伯德评论说：

北京隐藏在中国北部的一个角落里，远离海洋或大河，距离长江流域那些人口和财富中心也很远，古代帝王门的选址好像有些奇怪。不过，北京周围的小山和远处的山脉，可以解释这个疑问。因为它们千百年来一直是抵御外敌的外部屏障。当代以前，鞑靼和蒙古人的入侵非常频繁，那么对朝廷来说，唯一安全的地方就是北京。因为它背后的那些屏障，能把那些恐怖的游牧民族挡到外面。山脉中开阔地的隘口是战略要点，它们控制了侵略者各个通道的出口，如果他们突破关口，在离开山丘之前会受到猛烈攻击。

西山外围山脉的后面，"绵延着一系列逐渐升高的山峰，海拔在4000英尺到5000英尺之间。山峰险峻，使它们比实际高度看起来更为雄伟。远处那沿着天际线奔走前行的长城，从首都看不清，只有借助高倍望远镜才行"。

著名的皇家御苑，位于西山之中，距离首都有20英里或更远一些。御苑所在的这片小山，周围虽然崎岖不平，但非常美丽。在这里，历代皇帝们尽情享受捕猎的乐趣，还修建了精美的寺庙和华丽的宝塔。御苑的围墙，就像一大圈抛在山岭间的绳索。在御苑美丽的松柏林中，有一座美丽的尖塔，叫作御苑宝塔。在过去，这座宝塔用于美化一座精美的古寺的入口。但是现在那座寺庙已经消失了，只有那些小铃铛——像石榴一样挂在宝塔黄绿相间的屋檐上，仍然在向我们诉说着这座御苑往日的辉煌。这座美丽古塔较低的部分，是用砖和灰泥砌成，正在快速破败；但是上部那绿色和金色的釉砖，依然光亮如昨。

西山御苑宝塔

22
大成殿

　　2500 多年来，有一位知识分子，一直影响着世界三分之一的人口！他的思想在这个泱泱大国的各个时期，都是人们的指导思想；影响遍及每座城市、每座小村庄。学校中讲授的是他的学识，家庭中仿效的是他的孝行，商店和工厂遵循的是他的教诲。从过去到现在，孔子这位人民的"素王"，一直在人类历史上占据着一个独特的位置。今天，中国每座城市中都有自己的孔庙。"每年春天的第二个月和秋天的第二个月，人们都会到庙里祭拜孔子。"但对他的崇敬，纯粹出于怀念。

　　北京的孔庙——大成殿，异常精美。像古希腊和古罗马的神殿一样，通往大殿的道路两旁，都是庄严的柏树。这座巨大的"文学殿"，矗立在石头砌成的平台上，据说可以与日本京都最精美的庙宇相媲美。大殿前面长 84 英尺；魁伟的重檐庑殿顶，由巨大的木柱支撑着，每根有 40 多英尺高。"沐浴在金色阳光下的屋顶，像流传了几千年而依然焕发光彩的文献一样，依然闪闪放光。"从平台上那华丽、精美、闪闪发光的大理石栏杆，到色彩缤纷的屋檐，以及高大的大门上的金匾，一切都完美和谐，呈现出"斯文在兹"的氛围。

大殿内部简朴而宁静。里面有纪念"大成至圣先师孔子"的朱漆牌位；纪念他的四大弟子的牌位；它们后面的阴影中，还有纪念八个更"小"的弟子的牌位。除此之外，里面没有任何装饰和符号标志。

北墙旁边宽敞的院落，一直是一座庙宇。院内的古柏林，已历经几百年风雨。庙宇左侧的那一棵，"它那长长的树围，把我们带到了久远的年代，"它可能是在宋朝或者更早的时候，就被栽到这里，至今已有千年历史了。第一座庙宇可能建于元朝时期。自那时起，它被改建和重建过许多次。现在的建筑可能建于明朝时期。很多研究中国艺术的学者，把这座有着宽敞的庭院、美丽的大门以及漂亮的楼阁的庙宇，看作"北京城内中式建筑的典范"。

大成殿

23
门卫

　　著名的颐和园中有许多铜制品，它们是很有趣的景观。有一种雕像，在北京任何地方都能看到，而颐和园内可能汇集的最多。名人雕像——比如王、勇士的雕像，或者描绘历史事件的雕像，在美国或欧洲的每座城市里都能看到，而北京却几乎没有。但是，我们在这里发现了其他铜制雕像——一种非常古老、价值独特且漂亮的铜像。

　　自古至今，中国工匠们最常见的铜制品就是狮子——北京城各处大门的护卫。"在北京各个重要建筑的大门前，都能看到这种神秘的猛兽，它们或由石头、或由铜、或由景泰蓝雕刻而成。中国人认为狮子无论雄雌，脚掌都分泌乳汁。因此，雌狮子雕像的脚下，会有一只正在吃乳的幼崽。不过，雄性狮子则不用照看幼崽，据说它们是通过玩球，来度过休闲时光和保持雄性的力量。"

京城内每座宫殿门前、每个重要的门口都有狮子雕像。在它们中间，我们发现一对巨大的雕像，"外形与它代表的意义一点也不像"。有些皇家狮子雕像价值不菲。有一对竟然是用黄金制成。这对狮子曾经立在圆明园大门前，可能在这美丽的宫殿花园遭劫时不见了。那是发生在 1860 年的战争，当时法国和英国的军队掠夺了圆明园。

有一对著名的狮子雕像，现在仍然立在新颐和园内，守卫在主要的门厅和大殿前。照片中这只漂亮的狮子，就是其中的一只。这两只狮子，面对牌楼和昆明湖，坐落在高大的大理石基座上。关于它们，裴丽珠在那本颇有魅力的《北京纪胜》中讲：

这对儿狮子不仅是艺术品，而且还有历史故事。据传说，它们是孙权铸造的狮子。孙权是三国时期的一位君主，统治着南京和汉阳。这对狮子摆在汉阳的宫殿内。乾隆皇帝把它们迁到了颐和园里。当然，关于这对儿历史遗物的起源，这些传说有些夸张。然而在今天，狮子那华美的金银合金身体外面，附上了美丽的"五彩"锈斑，呈现出一种久经岁月后的沧桑之美。最近，北京古董商会报价二百万美金，要购买这对狮子，据说被清朝皇室拒绝了。

颐和园铜狮

从最古老的年代开始，所有庄严和美丽的建筑，建造它们的主要动因都是宗教。中国自然也遵循这一原则，因为在一座宏伟的祭天神庙里，我们发现了当今世界上最美丽的神殿，那是一座最适宜天子祭拜上天的圣殿。

强大的永乐皇帝，是明朝第三位皇帝，也是世界上最伟大的建设者之一。他构思和建造了三座漂亮的建筑——天坛。1420 年皇帝下令修建了天坛，它们的辉煌和壮观，仅次于皇宫。几千年来，中国的帝王们都为上天修建过神殿和祭坛，甚至天坛的蓝图也从遥远的古代传了下来。然而，关于修建天坛的宏伟设想、完美实施，主要归功于永乐皇帝。"他完全遵循古老的传统，没有让这些建筑应该体现的诚挚受丝毫损失，也没有削弱它们应该体现的活力，反而，他把自己坚强有力的个性融入其中，使这些建筑更为宏伟气派。"

格兰瑟姆在相关的作品中讲：

千百年前，古代经典中就已规划好了天坛的蓝图。这一规划备受尊敬，不能有任何违背；而且最初就构思周详，用不着做任何修改……隐藏在宇宙中的能量，已进入这个蓝图中。因此，主色调必须是蓝色，建筑形状主要是圆形，因为它们对应的是可见的天空。位置必须选在城市南郊的东部——因为太阳从东方升起；温暖和万物繁盛的夏季，与创造和南方相关联；它们都代表着"阳"这个神圣的原则。像这样的做法，至晚在周朝就有先例，后世则必须遵循。

天坛主要的荣耀，不在于建筑的宏大，也不在于装饰的华丽。从建筑学方面来讲，它没有任何创新。天坛的荣耀，在于那高大的建筑、宽阔的庭院，能让天子静思冥想，灵魂升到皇天上帝面前。那位"上帝居住在无限永恒的王国中，"以悲悯之心俯视着尘世的子民。

照片中这高大的神殿，叫作祈年殿。它坐落在三层大理石平台上，是天坛三大殿中最耀眼的一座。

天坛侧景

25
北海花园

　　白塔是一座著名的古塔，是"金山"的宝冠。常听人讲，从白塔最高的平台上，可以看到奇妙的景色，于是我们决定攀登宝塔。穿过一架大埋石桥后，我们沿着一条弯弯曲曲的小道，慢慢地向上行走。经过凉爽而迷人的洞穴、色彩绚丽的亭阁、精美的牌楼，我们最终来到一段位于高处的楼梯前。顺着楼梯那陡峭的石头台阶，可以到达山顶上洒满阳光的斜坡。向上爬过一段乏味而冗长的石头楼梯后，我们发现自己的位置略高于白塔的半腰。从这个最高的平台向下望，一定是北京最美丽的风景了。

　　我们的目光越过树梢向南望去，展现在眼前的是一幅精彩绝伦的画卷。我们右侧是风景如画的南海，它那彩色的亭阁和优雅的假山——"尖锐的轮廓，也因距离而变得优美了"。往左侧看，带有垛口的红墙层层排列，成片的屋顶金光闪闪——

那是紫禁城内无数的宫殿、庙宇和住所。往北面看，景色一样美丽：优美的古树使低处的平台更为优雅，远处的湖水碧绿碧绿的；在它们之间，矗立着高贵而雄伟的钟楼和鼓楼，有力地象征着遥远的时代。

东边的景色同样迷人。北海公园那顶上铺瓦的围墙外面，是景山陡峭的木质斜坡。景山上有五个小山峰，每个峰顶上都有一座极具艺术魅力的古亭。最后看看西边：视线越过灰色的城墙望向西山，虽然距离较远，但西山的全景很美。我们有点不情愿地往回返，从北面沿着岩石上开凿出来的崎岖小道，慢慢走往下面的平台，并登上码头。从这里，我们乘船掠过湖面，去往湖的另一侧那美如花园的地方。

走在北海内，我们感到阵阵惊喜。在这个旧时皇家休闲胜地内，有一个角落几乎已被人遗忘。正是在那里，我们发现了许多极为美丽的艺术佳作，其中最美的是九龙壁。著名的万佛楼附近有座小山，九龙壁就在它的后面。这座华丽的影壁，"上面那五颜六色的龙，是高凸浮雕，烧制而成；它们游戏在青山绿水之间。这是一件举世罕见的艺术品"。它最初可能是某个精美寺庙中的影壁，但是现在那座古寺已消失了。毫无疑问，九龙壁非常古老，但是釉砖上的绿彩、金彩和蓝彩，久经岁月依然光彩夺目；直到今天，它看起来还是美丽如初。站在九龙壁旁边的人，显得如此渺小，足以说明它是多么庞大。

北海之九龙壁

26
雍和宫

在盛行于北京的五种本土宗教中，最有趣、最奇特的可能是来自西藏和蒙古的佛教分支——藏传佛教。在很早的时候，这些喇嘛教的信徒，就从遥远的边疆地区来到北京，并在首都建立了自己的大本营。

早先，喇嘛的影响很大。在整个蒙古和西藏地区，他们处于绝对统治地位。以前的皇帝，为了加强对这些边远地区的控制，努力与这些西部宗教领袖建立友谊。皇帝们通过皇家敕封和大量礼物，力图约束这些广袤地区的世俗和宗教领袖们，使他们忠于朝廷。因此，美丽的雍和宫——一处坐落在首都北墙附近的高贵的宅邸，就落到了喇嘛手中。

雍和宫是雍正皇帝的出生地，也是他的家。公元1722年，这座美丽的宫殿被转给了喇嘛用于宗教活动。从那时起，这座精美的宅邸，就成了京城内著名的景观。由于这里住着一位活佛——"喇嘛教中佛的化身"，以及一个超过1500多名成员的僧团，所以，两百年来这里一直是重要的宗教中心。"但是，它在政治方面的重要性也很明显——官方资助它；皇帝授予僧人们许多特权，比如他们除了有土地和税收以外，还可以与皇帝面谈。"

通往雍和宫的路令人印象深刻。从一座黄顶彩色牌楼下穿过，我们来到一座寺院的外院，院内有一条宽阔的甬道。甬道两旁是茂盛的大树，树上总是落满了喜鹊和黑色的乌鸦。甬道穿过较低的住人的亭阁，尽头是第一进庭院。那家喻户晓的驱邪舞，每年都在这个外院中举行。

布袋和尚的塑像在四天王殿正中间，这是一位广受欢迎的"笑佛"。穿过这里以后，我们走进了一个宽敞的院落，院中有一座高约10英尺的铜香炉。许多年前，这件漂亮的艺术作品，翻山越岭，穿越平原，从西藏那遥远的荒野之地，来到这肥沃的直隶平原上，使这个北京名寺的院落倍加荣耀。它是北京城内最漂亮的香炉，也可能是全中国最精美的香炉之一。宽敞的庭院中还有一座巨大的石碑，碑身四面刻着四种不同的文字，讲述着喇嘛教的历史。

雍和宫香炉

27
尘土飞扬的路上

　　每天早上，在北京西门打开之前，雄伟的塔楼的城墙附近，会聚集许多来自沙漠的驼队。它们很早就来到了这里，耐心地等待着大门打开，然后迈着缓慢而稳重的步伐朝目的地前行。它们昂着头，迈着大步，钉有足掌的脚踩在尘土飞扬的土路上，或者是古旧的石桥上。它们的举止流露出一种骄傲，其实这种骄傲与它们的生活地位不相称，不过它们好像也有理由骄傲，因为它们脚下的路，是以前皇帝骑马走过的路。

　　这些奇怪、笨拙的沙漠动物是从哪里来的？为什么在这个使用西方机器的时代还在使用它们？关于这个问题，在找到答案以前，我问了自己一百遍。北京城有四条贯穿全城的铁路，足以引以为傲，为何还要用骆驼来驮运木材、煤炭和粮食这样的供给品呢？让我更惊奇的是——大部分驼队正在和铁路运输竞争；它们所行走的土路旁边，就是跑着火车的铁道。

只有在中国才会有这样的竞争，在这里任何奇怪的事情都会发生。门头沟是一个风景如画的产煤小镇，坐落在浑河边上，依偎着美丽的西山。在这里我们发现，最现代化和最古老的运输方式正在相互竞争，然而它们经营的却是同一项繁荣的业务——和平时期使用铁路，动荡时期使用驼队。这真是北京的一大幸事！因为，当战争发生时，火车运力不足，居民在冬天没有煤如何取暖？没有石灰怎么盖房子？没有日常用品如何生活？因此，那长长的驼队和那些勤劳的赶驼人，不仅是行走在路上的奇观，而且是城内居民生活安稳的保证。

照片中展示的是一小支驼队。这些骆驼虽然有些笨拙，但外表也颇为高贵。它们在城中卸完货物，现在驮着空口袋返回西山煤矿。它们刚经过右安门，现在正走在京城南墙外面的土路上。

北京之骆驼

美丽的颐和园内有许多雕像，但最具艺术之美的是一对儿铜鹤，它们庄重地立在太后寝宫的方格门前。这两只美丽的鸟，造型优雅，栩栩如生，站在高高的、雕饰精美的大理石基座上。它们附近还有一对儿漂亮的铜鹿，并排的这四只雕塑，是健康和长寿的象征。毫无疑问，这种设计会得到慈禧太后的赞赏。这个美丽的花园，处处都表露着太后的艺术品格。

在短短几年内，把一座小山、一片小湖变成人间天堂，不是任何一个统治者都能做到的事，但是才华横溢的慈禧太后做到了，还做得如此完美。这位女人能牢牢地统治国家，并且能站在皇位后面主宰国家长达半个世纪，这值得我们特别注意。丁韪良有一本极有魅力的《花甲记忆》，写的是慈禧太后统治生涯的晚期。书中这样写道：

一位满族人，出身于贵族家庭。慈禧受过良好的教育，这是她的一大优点，因为在中国，女性很少接受教育，甚至在贵族家庭也是如此。作为二等嫔妃，她为咸丰皇帝生了一位皇子，这为她带来了幸福。皇帝为了表示自己的喜悦，晋升慈禧为贵妃。皇后没有子嗣，名义上排在慈禧前面，住在东边的宫殿中；为了有所区别，皇帝把西宫指派给了慈禧。

咸丰皇帝驾崩以后，两位太后因皇帝年幼而摄政，慈禧是首脑。并且到她们的第二个摄政期，也就是她的外甥——现在的皇帝在位期间，她依然是首脑。山西发生大饥荒的时候，两位太后表达了深深的同情；百姓对她们的拥戴，在历史上无人能比。得知餐桌上的鲜肉每日要花费75美元后，她们宣布：只要百姓还在挨饿，她们就不吃肉。她们还俭省节约，把省下来的钱变成了救济金。她们共同摄政期间的那种和谐，远超斯巴达众王或者罗马诸皇帝的联合，这是她们的骄傲。

东宫太后薨于1881年，此后西宫太后的权力虽然没有增加，但是比以前更为集中了。在中日甲午战争中，她展现了自己的爱国心和仁慈——把为庆祝六十大寿而收集的几百万两黄金，投到了战争经费中。

铜　鹤

中国的万里长城

有人这样讲过："要研究埃及的历史，你就得站到金字塔顶上。要研究中国的历史，最好站到长城顶上。早期的历史晦暗不明，当代社会动荡不安，长城就处于它们中间，远望着历史发展的全程。"这话说得很贴切。

公元前 214 年，建造长城的伟大想法被构思出来了。构思它的不是别人，正是臭名昭著的秦始皇。他是中国最伟大的皇帝之一，但是由于他那恐怖的焚书坑儒，而被所有人痛恨责骂。这位暴君平息了国内的暴动以后，把注意力转向了外来的威胁。"在西方，西藏的群山是天然的屏障；在南方，长江阻止了居住在右岸的残暴的蛮族；在东方，有大海护卫；只有北方没有屏障，敌人最容易从这里入侵。"因此，这位有抱负的皇帝，心中就产生了一个奇怪的想法——为什么不建一道墙，把北方这些游牧民族挡到外面呢？这个时候，他已经统治了整个国家，于是决定修建一道屏障，能有效抵制北方游牧民族的入侵，从而确保国家安全，没有外敌入侵的危险。

秦始皇是一个行事利落的人。他立即着手修建长城，并命令著名的大将蒙恬负责此事。"上百万百姓被派往北方边境，一部分人充当工匠，其他人充当护卫；仅用了十年时间，这项浩大的工程就完工了。"

据说，有上万名贫穷百姓，被召进那庞大的建设队伍中以后，在修建过程中丧失了性命，被埋到了那巨大的长城里面或者下面。因此对于很多人，特别是对于中国人来讲，这个浩大的工程——世界七大历史奇迹之一，是一个镇压和残暴的象征，而不是一堵能提供安全保障的墙。

在人工建筑中，庞大得足以成为地理标识，长城可能是唯一一个。"万里长城横跨了整个中国：它在崎岖的山峰和贫瘠的丘陵上蜿蜒盘旋——越过峭壁探入山谷；从西部甘肃那遥远的沙漠，一直绵延到东部太平洋那金色的沙滩"，有1500多英里长。

长城之低处

30
祭天

4000 多年前，三皇五帝就开始在古老的泰山顶上祭拜皇天上帝，供献祭品。从此以后，直到 20 世纪清帝退位，这种给上天献祭的奇妙的仪式从未间断过。上天是宇宙的统治者。在虔诚的中国人心中，只有皇帝才有资格在天坛上放置祭品，或者在上天的神殿里祭拜。"与这种观点相一致，皇帝作为最高的祭司、百姓与上天的中介人，"每年都要举行隆重的祭天仪式。

如上所述，在最古老的时代，君王们要在四座圣山的山顶上，举行祭天仪式。君王舜是三位有德明君中的第二位，他为了表达对上天神力的敬意，在东方圣山泰山的顶上点燃了一堆大火。"那腾空而上的浓烟，使他进入与上天交流的境界。"他还在其余三座圣山上，举行过同样的仪式。从此以后，其他皇帝都要仿效他的做法。但是要定期举行这种重要仪式，会遇到一些困难，这就要求把它固定在一个地方举行，那里要离皇宫比较近。

公元前1190年，周公在他的首都洛阳南郊，建立了一个天丘。这是有记录以来的第一座天坛。格兰瑟姆讲，"与它的后继者北京天坛相比，天丘可能非常简陋"。"代替琉璃瓦的是茅草，代替光滑大理石的是坚实的泥土，但是总体设计一样。这样的设计完美无瑕，足以实现它的最高目的，不需要做任何改动。"

照片中这座精美小型建筑，是天坛里的第二座神殿，也是位于正中心的一座神殿。它面南而立，距祭坛有一箭远，叫作皇穹宇。神圣围墙后面的大门紧紧关闭，把人群挡在了外面。它里面有为皇帝祖先和皇天上帝设立的牌位。这座圆形建筑，大理石栏杆闪闪发光，门窗装饰雅致，木制屏风上面是色彩绚丽、设计精美的屋檐，尖尖的屋顶上那蓝色的琉璃瓦光彩夺目，一直被人认为是天坛中装饰最华丽的建筑。

天坛之皇穹宇

驱邪舞

游客在北京所能看到的仪式，最有趣的莫过于每年一次的驱邪舞了。驱邪舞在农历正月三十日那天举行。届时，有一群喇嘛，打扮得像原始部落的巫师。他们受过特别训练，跳着一种奇怪的舞蹈，驱赶雍和宫里的所有邪魔。这种仪式一直有很多人参与——成千上万的中国人和大量外国人，每年都要聚集到这里，见识北京城里的这种奇观。裴丽珠在她的名著《北京纪胜》中，对驱邪舞有这样的描述：

经过漫长的等待，快忍耐不住的时候，一些半人半魔的生灵，突然闯进了满怀期待的人群中间。他们穿着奇怪的服装；脸上带着骷髅面具；脚和膝盖之间，画着向上腾起的火焰；手里拿着看起来有点儿吓人的长鞭——用来驱赶人群以腾出跳舞的场地。他们狂暴地叫喊着冲来冲去，把人群往后推，还抽打那些不留神的人，直到场地足够大，能跳舞。然后，从庙里出来一支很奇怪的舞蹈队。他们穿着五颜六色的法衣，戴着庞大而瘆人的鸟兽面具。他们踏着缓慢的节奏，伴着刺耳的音乐，跳着四人一组的舞蹈，又弯腰又转圈，脑袋懒洋洋地随着身体摆来摆去。表演会持续几个小时，而围观人群的兴奋劲儿丝毫不减，毫不在意邪魔手中的长鞭，往前凑成越来越小的圈儿，要看个过瘾。仪式的高潮是打碎一架邪魔的塑像。

北墙边有一座高大的三层建筑，我们在那里看到了雍和宫内最著名的景观——大弥勒佛。塑像高得可怕，隐约有 70 英尺高；饰有珠宝的冠冕，被屋顶的阴影挡住了，完全看不到。在过去，每当皇帝来这里敬香的时候，佛像面部上方都会点亮一个巨大的灯笼。但是最近几年，他一直处在黑暗中——那种黑暗，像他所代表的信仰所处的困境一样，难以摆脱。据说，这尊著名的镀金佛像，是用单根云南雪松的主干雕刻而成，代表转世佛。他高达 70 英尺的佛身，象征着一种高度。"依照喇嘛教的教义，我们所有人完美地转世以后，都能达到那个高度。"这里有许多大厅，里面供着很多小佛龛；还有一些有趣的转经筒，机械地转动它，就能为来世积攒福报。

照片中展示的是两个蒙古僧人。他们穿着华丽的盛装，坐在主殿的走廊下，读着神圣的"经"，或者是喇嘛教的经典。

诵　经

从远古时代中国统一为一个国家开始，龙在中国人的思想和宗教信仰中，一直发挥着重要作用。的确如此，龙在艺术、文学、民俗、动物学、历史和宗教领域，都占据着重要的位置。"龙对中国人的影响深厚而广远。如果一个人想对这个伟大的民族，有一个真切同情的理解，那么，搞清楚中国人对这种类似蜥蜴的动物的崇拜，是一个明智的做法。"

走在中国，任何人都能意识到龙——这个虚构的伟大的兽中之王，是何等的流行。因为你会发现，中国到处都有龙的形象。"在中国艺术中，龙的造型变化无穷，"牛顿·海耶斯在关于这个课题的经典著作中讲，"中国各地都有这种线条优美，体态匀称的龙。它被画在丝绸和瓷器上，编在锦缎上，雕在木头上，绣在缎子衣服上，铸在铜器上，刻在大理石上"。

中国的龙起源于哪里？这只庞大的神兽有什么品格，能世世代代影响将近世界四分之一的人口？一些人认为，龙的信仰源自海蛇，或者远古时代的某种蜥蜴。古生物学家说，许多这样的史前巨兽，"在某个进化时期，既能在陆地生存，也能在空中生存"。那么这就不难理解，这些有着神奇起源和超凡力量的巨兽，能被看作龙的信仰的起源了。

依据古代的记载，真龙的第一次现身，"大约是在6400年前的黄帝时代，或者是轩辕时代"。这位帝王在统治中国111年后，骑在龙背上升天了。据中国的历史学家讲："从此以后，每个朝代都有真龙现身，每次见到的人都有好几百个。"每个时代，龙的出现都被看作一种吉兆，并且"是国泰民安的预兆"。

"在中国的宗教信仰中，龙作为雨神和江河湖海的统治者，被中国人崇拜了几百年。"在动物学领域内，龙位于人的后面，其他物种的前面，并且"因为它在陆地和海里都能生存，所以它能统治人以下的所有物种"。照片中展示的美丽的铜龙，位于颐和园一座主殿的平台内，立在闪亮的大理石基座上。这是中国人心目中龙的典型形象。

铜　龙

33
天坛里的祭坛

　　围墙大概是天坛最独特的地方。它的建造者永乐皇帝，不仅信任它们，还极其喜欢它们。天坛的外墙大约三英里长，内墙也有一万两千多英尺长。"祭坛外有方形围墙，皇乾殿外有圆形围墙，神库外有围墙，宰牲亭外有围墙"，斋宫外也有围墙。是的，"永乐皇帝信任墙，但是他也信任宽阔的大门"。外墙上有两个大门，都在西面；同时内墙上也有四个大门——东边的泰元门，南边的召亨门，西边的广利门，北面的成贞门。

　　这些门坐落在坚固的大理石台基上，建得非常结实，好像城堡一样。红色大门上镶着九排硕大的铜钉，屋顶流光溢彩。永乐皇帝"酷爱琉璃瓦"。所有墙上都"铺着琉璃瓦，所有建筑的屋顶上都是金光闪闪"。

　　"但圜丘是例外。圜丘是祭拜上天的地方。天坛所有建筑都是为了它，但是这里没有琉璃瓦、屋顶、门和窗户，只有台阶——从最低和最宽的平台，向上延伸到中间的平台，再上升到最高的平台。"这座大理石祭坛，"独自向四周放射光芒"，"朝向天空，像古朴的庞贝古城的广场一样；周围有红色围墙，墙上有大理石门。"它的周围是庄严的苍松古柏。几百年来，圜丘一直是"中国最高级的祭坛"。处在白色大理石和绿色树木之间，并掩隐在两道围墙之内的这座神坛，"虽然与世俗尘嚣相隔离，但是却能领受天上的邈邈之音，遥望淡淡星光"。

在中国人看来，皇帝不仅是父亲和九五至尊，而且是一位神圣的罪责承担者。他这位最高主教，必须承担整个国家的罪责。公元前1766年，商代的汤王曾说："万方有罪，在予一人。"还有，在饥荒时期，有人提议要以人祭天，他讲："余一人有罪，无及万夫。"

天坛之祭坛

颐和园内的游园会

在紫禁城的上空还飘扬着龙旗的时代，美丽的颐和园只是慈禧太后和朝廷重臣的颐和园。外国人没有进入园中欣赏美景的荣幸。不过，有时候慈禧太后也会特别优待一些客人，邀请他们到颐和园中参加游园会。

凯瑟琳·卡尔小姐在她那本有趣的《禁苑黄昏》中写道：

这些游园会一般是两天时间。女士们到这儿以后，走进园门，然后来到排云殿右侧的亭子里，按事先排好的位置就座。旁边的游廊和巨大的大理石平台，遮盖在丝绸搭成的帐篷下。游园当天，上面还会盖上红毡。两队格格由皇妃领着，从排云殿的台阶上走下来，会见这些女士们。随后格格们转身，领着她们进入排云殿内。在这里，格格们分列在御座两侧，这场景犹如一幅图画。在低暗的光线中，能看到皇太后坐在龙椅上；皇帝在她的左侧。太后前面摆着一张庄重的桌子，上面铺着明黄色的桌布，一直垂到地面……桌上还摆着各式各样的水果和鲜花。女士们进来以后，要敬礼三次。正式的敬礼仪式结束以后，慈禧太后从御座上走下来。宫人搬来一把黄缎铺面的椅子，放到排云殿的右侧，太后在这里坐了下来。然后，太后将全体女士一一介绍给年轻的皇后和皇妃们。此后会上茶水，这时女宾们站起来围着太后，太后也同每个人都讲几句闲话。女宾饮过茶以后，由格格们陪同，太监领路，从戏台下穿过，经过皇后和太后的宫殿，来到举行午宴的房间内。午宴由格格们招待。结束以后，女宾们走到大理石平台上观看湖景。在这里，接见她们的是年轻皇后和其他嫔妃们……那天，皇太后的游船没有出游。这里有三艘巨大的游船，船舱很大，里面都有太后的黄色御座。我们乘船在湖面游玩，首先来到湖中小岛上，参观岛上的宫殿以及紧邻的小庙，之后又游览了石舫。下面的甲板上，能欣赏最美的湖景；还有少量点心、糖果和水果。游湖结束以后，女士们便向太后辞行，离开颐和园，乘自己的轿子和马车赶回使馆。

颐和园清晏舫

北京城的高墙之内，有一座壮观的建筑，守卫着紫禁城的外围，并把紫禁城与外面的街道，以及皇城的其他地方隔离开来。这座庞大的门楼，它的宏伟和庄严，仅逊色于高大的午门，它就是天安门。这座城墙上的塔楼，有着流金溢彩的屋顶，巨大的红色立柱，色彩绚烂的屋檐，雕饰精美的栏杆，是一件绝美的东方艺术佳作。

天安门那鲜亮的红墙前面，有一条美丽的御河。河岸两侧是立柱栏杆，河上还架着五座大理石桥。这些桥线条优美，装饰繁华。在它们前面还有"两根华表，上面那柔和的雕饰在阳光下闪闪发光，高高顶端直指湛蓝的天空。"

从照片中可以看出，这座辉煌建筑的屋顶，是最引人注目的部分。实际上，屋顶一直是中国建筑最鲜明的特征。裴丽珠讲：

屋顶在西方的建筑中没那么重要。中国在建造屋顶时，会先制作一个较小的竖向模板，而这种设计源自帐篷模型；然后根据这种设计，把蓝图调正到最完美，所用的建材也非常结实。屋檐向下倾斜和向上翘起的弧度，像帐篷立柱支起来的帆布一样，简单而自然。纤细的帐篷立柱，变成了起支撑作用的柱子；帐篷绣花帷幔上的条纹，凝固成了装饰性的屋檐；固定帐篷的重物，演化成了屋顶的滴水。

为了寻求变化，中国的建筑师有时会建造双重或三重屋檐……建筑师也会仔细地用奇怪的动物形象来装饰屋顶和屋檐。但是，琉璃瓦的颜色永远不能随意使用，因为屋主何种身份该使用何种颜色有严格的规定。最后，近距离观察这些屋顶你会发现：远处看来笔直而方正的线条，实际上却有些弧度。甚至铺砖的屋顶正面，也有点儿起伏。这不是一种意外，而是有意为之，是为了引人注目，但丝毫无损于那简朴宁静的整体风格。

中国的建筑美丽而外形简朴，印度和东南亚地区的建筑是过度装饰，两相比较我们必须承认：自然简朴才是建筑装饰艺术的真谛。这些大型建筑已历经五百年风雨。当一个人满怀深情去研究它们时，他不禁会感激永乐年间那些建筑天才们，他们建造的这些美丽和谐的建筑，是全世界最豪华的建筑。

天安门

36
西山上的寺庙

美丽的西山中，有无数寺庙和神殿。世界上任何地方都没有如此多的宗教场所，大概只有西藏地区的喇嘛庙，在数量上可以与其相比。这些幽静的山间庙宇，在久经岁月，并浸润了过去的浪漫和神秘后，显得安详而恬静。我们天天在山中游走，然而每到一处，总能新发现一些寺庙和神殿。我们感到好奇——这里怎么就成了一个宗教文化中心。哈伯德在他那本有趣的小书——《西山寺庙》中，给我们分析了近千年来西山建寺风潮形成的原因。他讲道：

庙宇周围那浪漫的山间美景，特别符合中国人的品味。与此同时，这里又离大都市——艺术和财富中心很近，方便来往。于是在漫长的岁月里，中国的皇帝和比较富有且虔诚信教的子民们，在此修建了许多寺庙，并捐赠了许多财物。建庙者多是宫中的太监，他们以自己的方式，积攒了大笔财富，而他们的不幸遭遇，使他们没法把这些财富留给后代。于是他们选择用这些钱来修建寺庙，以保证自己能被世人记住，也保证死后能进入天堂。有时，一个厌倦了官场的官员——前任总督，他看破了尘世的浮华，把一生中贪污受贿得来的钱财，用来建一座寺庙，然后在里面安度余生。今天我们很幸运，因为重修的寺庙和新建的寺庙一样，做得非常好。是那些慷慨与虔诚的施主，使许多现存的寺庙免于破败，院中刻字的石碑记录着他们的功德。

西山各座寺庙的选址，极为不同。有些建在小山丘那平缓的斜坡上；有些建在野外平原的农田里；有些建在陡峭的山崖上；有些建在崎岖不平的山顶上。但是西山那高傲的山峰上，没有一座寺庙。所有这些寺庙，像照片中那美丽的碧云寺一样，全掩映在古木林中。

照片中这座辉煌的寺庙，就是著名的碧云寺。它被人们看作西山最美丽的宗教建筑，而许多人认为它是中国最美丽的寺庙。它庄严地坐落在群山汇合之处，并与皇家御苑为邻。

碧云寺

37
紫禁城内

　　北京城内，所有通往宫殿庙宇的大道，三大殿前面那条大道最为庄严宏伟。这些著名的大殿，高高地矗立在阔大的大理石平台上。三座大殿各自独占一个平台，坐北朝南一字排开，占据着紫禁城内最显耀的位置。

　　如果你想欣赏这条御道的宽广和荣耀，必须沿着中国皇帝进出紫禁城的那条路行走才行（这条路现在不对公众更开放）。高大的前门中间有一个拱门，从这里穿过去，沿着宽阔整齐的大道走半英里，经过许多门，最终来到一个庞大的要塞前面。从这里进去，就是皇宫了。午门的大门，一般情况下是关着的，但是现在允许我们进去。很快我们就发现自己站在一个地方——"像拉萨和麦加的圣地一样，以前不准普通人接近"。

　　这极为广阔的第一处皇家庭院，地面上铺的全是大理石石板，是通往远处太和殿的通道。裴丽珠惊呼："多么伟大壮观啊！这处宽敞庭院中的每一块石头，都在诉说着往日的辉煌！这里宽阔敞亮，色彩绚烂，建筑风格高贵。这些宫殿构建得如此协调，足以证明强大的永乐皇帝和他的子孙们，很好地支配和指挥了建筑工、雕工、油漆工，建造和装饰了一处住所，足以傲视以往任何一座宫殿。"

为了欣赏这些宫殿的庄严与宏伟，你必须登上午门的城楼。文中这张照片，就是站在午门的平台上拍摄的。照片最显眼的地方，展示的是那美丽的御河，以及河上的柱状栏杆和大理石桥。在御河远处的宫殿大门前面，有两只庞大的铜狮子，那是大殿的守卫者。耸立于守卫者之上，并且坐落在宽广的大理石平台上面的，是涂漆立柱和太和门那稳固的墙壁。太和门是太和殿的大门。再往远处，能看到一处流金溢彩的重檐庑殿顶，远高于周围的宫殿庙宇，那就是中国土地上最宏伟的建筑——太和殿。太和殿那雕饰繁华的大理石台基，较高的部分处在周围建筑的房顶上面，刚好能辨识出来；而太和殿的全貌几乎全能看见——巨大的轮廓映衬在清澈的天空下；色彩绚丽的立柱和屋檐，远远望去有一种朦胧的美。

太和殿前之御河桥

38
皇天上帝牌位

在一座美丽的圆形小厅内，有一个神龛，里面供着一个牌位，周围一片昏暗，一般人都不会注意它。这是为一片土地上真正的皇天上帝而设立的牌位，是当今世界上最不平常的一件器物。人们对这位皇天上帝了解得很少，祭拜他的人也很少。

在中国，人们极少提到上帝，对他的品格也知之甚少。于是，在北京发现这种古老崇拜的幸存物，让我们感到很惊奇，它使我们回想起了那个时代。那时，撒冷王主持"至上神的祭祀"，亚伯拉罕供奉上帝。

那些非凡的宫殿和神殿，以前从不对普通人开放，无论你是中国人还是外国人。现在到了共和时代，它们的大门已经敞开，只要你掏一点儿钱，就可以进入里面。我们登上闪闪发亮、刻有纹饰的大理石台阶，经过精雕细刻的龙陛，然后透过厚实的窗格，观看皇家风采。这时，我们看到这神圣的上帝牌位，庄严地立在圆厅后面。这个牌位，人们一般称它为皇天上帝牌位。它立在圆形大理石基座上，基座旁边有九层台阶（代表九重天），可通向上面的屏风。屏风上涂着油漆，雕刻着精美的龙。基座上面还有九层木质台阶，也是涂着古铜色的油漆，它从屏风的底部直接连到神柜的门那里。这个门挡住了许多好奇的眼睛。再往里就是那神圣的牌位。这个神圣的柜子，就像是上帝在耶路撒冷那举世闻名的约柜。

实际上，在汉民族众多子孙后代中，很少有人能享有特权，到这里观看这刻着闪光的金字、镶着松绿宝石的牌位；并且，除了天子他自己，也没有人读过上面刻着的"皇天上帝"（也就是至高无上的上帝）这几个字。

当你站在这庄严的神龛前时，不禁会想到：天黑之前那段神秘时刻，皇帝自己谦卑地跪拜在他的皇天面前。焚烧祭品的白烟，弥漫着直达上天，此时人们认为，皇天会降临到为他设立的牌位上，与向他哀求的天子交谈。这就像在古代，那位以色列的神现身，向耶和华宣示他对人们的旨意一样。

皇天上帝碑

石块砌成的湖岸上，竟然有一艘汉白玉石船！除了北京之外，哪个城市敢夸耀自己有这样的珍宝。这艘引人注目的石船，是皇家历史遗迹中最奇特的一个，可能是那个著名的女人耗费 5000 万美元，仿照皇家游艇制造的一件梦幻作品。石舫倚在平静的湖水边，是昆明湖西北端重要的标志性景观。它与湖岸之间有一座漂亮的平台，从岸边登上去很容易。

这艘所谓的"船"，那色彩艳丽的甲板、装饰华丽的船顶，都立在坚固的基座上，而船的基座又深深没入清洌透亮的湖水中。在这艘著名的石舫上，没有人晕船，因为雪白的船底，永远稳稳地立在这个迷你小海的底部。就像慈禧太后过去在下甲板上享用点心一样，今天这艘石舫也仅是一个茶室。

就在石舫背后，把昆明湖西北端的水渠连接起来的，是另一座漂亮的亭子。它的两侧各有一座装饰华美的牌楼。这件小小的东方艺术佳作，建在一座雕刻精致的石桥上，东西两侧各有一条平缓宽敞的石阶，石阶两旁装着闪亮的汉白玉栏杆。亭子是重檐庑殿顶，上面的琉璃瓦流光溢彩；房檐上五彩斑斓的颜色，犹如孔雀尾上羽毛的色彩。亭子的轮廓和色彩，在周围优美环境的衬托下，更显得优雅美丽。这座亭桥，坐落在松柏成荫的小山脚下，晶亮的湖水从雕有纹饰的桥柱下缓缓流过，这就是著名的"荇桥"——慈禧太后最喜欢的休闲胜地。在这里，慈禧太后和宫女们，远眺变幻无穷的湖中美景，享受了许多快乐时光。

皇家船库在小岛的西岸左侧。在看不到的地方，有许多巨大的皇家游船，每艘船都有精美的雕饰，涂着靓丽的油漆。一般情况下，船库都是大门紧闭，把这些有历史意义的游船关在里面，不对民众开放。但是，"钱能通神"这句话到现在也还有用，我们仅花了几个铜板，就能进到里面。那时，我们想象自己就是过去的太后，走过镀金的甲板，坐到船头那黄色的王座上。在这里，我们一边嬉笑玩闹，一边回想在这里举行过的某次皇家盛宴——坐在庄严王座上的皇太后，和周围身着华服的客人，正在充分享受生活；巨大的游船平缓地行驶在光洁如镜的湖面上。

清晏舫附近之荇桥

40
北京的日常生活

在旅行观光者看来，北京是世界上最有趣的城市。不仅因为北京的历史遗迹更久远、更美丽，而且因为北京人的生活独一无二，令人着迷。北京最有趣的家庭生活，被隐藏在高墙和影壁之后。然而在大街上，人们的生活、习俗、工作和游乐却展露无遗。当我们从安静的大门内出来，看到新式和旧式的行进队伍交织在一起，永不停歇。这让我们深感震惊。长长的电车一动不动地停在轨道上，等候送葬队伍通过，或者等待为纪念死者而进行的表演结束。电车上那千百名乘客的耐心，让我们感到惊奇。大马力豪华轿车，鸣着喇叭从狭窄的街道呼啸而过，朝城边开去——那里有各种古老的独轮车和无弹簧的两轮马车，然后驱散了一群正在赌钱的黄包车夫，或者驱散了一群快乐的小孩——他们把街道当作游乐场。令我们感到惊讶的是，这车开这么快，还撞不到人。

看到那些被太阳晒得黝黑的小孩，嘴里含着来自老式糖果车里的糖块，正在仰起鲜亮的小脸望向天空，观看咆哮而过的两架战机，这时我们不禁产生一种好奇的感觉。我们想知道，他们对自己所处的这个崭新而伟大的时代，究竟了解多少。北京小贩那令人好奇的运货方式、奇怪的叫卖声和新奇的装置，使北京人的生活更具魅力。

　　运货的驼队是街道上最有趣的景观。在城中无论走到哪里，你都能见到一两支驼队，它们要么是拉着煤、石灰、木炭和农产品——运往城内各类货物的仓库内；要么是驮着空口袋，正返回位于山里或沙漠中的家。如果出来得足够早，你会发现几十头倚墙而卧的骆驼，占据了半个"胡同"或街道，而它们刚从夜里的休息中醒了过来。并且，如果再等一小会儿，你能看到它们强壮的主人，从普通的小客栈中走出来，赶着这支由极具耐心的动物组成的长队，继续上路。

　　骆驼是一种看起来颇为高贵的动物，体形庞大，行动缓慢而从容；昂首挺胸，对自己充满了自信。文中照片，是我们近距离拍摄的大夏双峰驼。这些骆驼在北京城里来来往往，年复一年从不停歇。在西山"八大处"东边的一个道路交叉口，我看到过一千只骆驼同时出现在路上。其中一半儿驮着货物前往京城；另一半儿从城内出来，背着空口袋，驮着主人，到别的地方去装货。这样的场景每天都在继续。

骆驼背上之旅客

庙宇和宝塔，能给青翠的山坡增添几分生机和美丽；大理石桥和色彩缤纷的茶房，同样也能使湖边的风景更有趣，更迷人。颐和园里美如图画的桥梁至少有十座，它们大小不同，样式不一，装饰风格也各有特色。

显然，旧时皇家的建造者和园丁们，深刻理解"变化是生活的调味剂"这句古谚的真谛。因为你在颐和园内，除了一些雕塑，找不到两件一模一样的东西。甚至那些临湖楼台的窗户，样式和颜色也是千变万化，丰富多彩。其中一些窗户的形状，还不是一般的稀奇古怪。

至于桥梁，大概最具艺术性和最与众不同的一座，应该是照片中这座名桥——驼背桥。这座漂亮的桥梁，石头桥身上刻有雕饰，石阶宽阔。桥面上有 60 根光亮的大理石栏杆，每根栏杆上都雕着精美的图案——飞龙翱翔在云彩中。

中国人称这座桥为玉带桥。它的桥拱非常高，我们没有停下来测量它，但是有人告诉我们，桥拱以下距水面有 30 英尺，桥的跨度有 24 英尺。如此宽大的尺寸，皇家游船从桥下穿过的时候，连桅杆都不用放低。

在像这里一样幽静的景色中，慈禧太后和她的宫女们，以及年轻的皇帝，在北京碧蓝的天空下，度过了许多快乐无忧的时光。慈禧太后把这里称作"颐和园"，真是太合适了。

颐和园玉带桥

北京的城墙，是这座历史名城的荣耀。在那厚重的灰色城墙内，有一座历史上最古老的天文台，那就是位于东城墙上的观象台。在那里我们发现了一些巨大的铜制仪器，据说是由波斯的天文学家们制作，建造于元朝忽必烈时代的公元 1280 年。这些古老的仪器，直到 17 世纪后期，才被南怀仁设计的更大、更精确的仪器所取代。这些较新的、装饰华丽的仪器，仍然立在城墙上部那宽阔的平台上，而那些使用了几百年的元朝旧仪器，现在就居于次位，用来装饰城墙底下漂亮的小院了。

在城墙上那组饰有盘龙的精美仪器中，有两件与众不同，它们是欧式的设计和装饰风格。毫无疑问，这是来自法国的两件仪器，是路易十四送给康熙皇帝的礼物。在这些仪器中，照片里那座巨大的天体仪，在天文台上居于中间位置，更值得关注和令人惊叹。

从照片背景里，我们还可以看到许多著名的中国铸件。李明神父在他的《回忆录》中这样描述这些铸件："它们非常大，制作精良，通身装饰着龙形雕塑，充分实现了制造者的目的。如果其他部分也像它们一样制作精良，并且按照法国皇家科学院的方法，把透镜安装到仪器上以取代肉眼观测，那么，我们的仪器就完全比不上它们了。"

　　这组仪器由"一个赤道经纬仪、一个黄道经纬仪、一个地平经纬仪、一个象限仪、一个纪限仪、一个天体仪"组成。天文台上这些精美的艺术作品，有些在1900年那场恐怖的战争之后，成了德国人的战利品，并被他们带回德国，成了波茨坦橘园宫内的荣耀。第一次世界大战结束后，德国和同盟国签订了《凡尔赛和约》。依据《凡尔赛和约》规定，南怀仁的这些经典作品，又回到了那久负盛名的天文台上。

　　尽管这些仪器放置在室外，并经历了几百年的风霜雪雨，却依然完好如初，美丽依旧。并且，在北京许多著名的历史遗迹中，这组珍贵的旧仪器依然是最有魅力者之一。

观象台之浑天仪

43
碧云寺

北京周围的山寺中，最经典的大概是碧云寺。这是一座壮观的佛教寺庙，坐落在颐和园以西六英里处。自元朝起，碧云寺一直是当地受捐助最多的寺庙之一，而且它今天依然那么美丽。但据说现在的碧云寺，仅是过去辉煌时期的一个影子。

通往这座名寺的山间小道，有点儿不同寻常，并且令人印象深刻。山道从八大处开始，翻过数道山岭，然后沿着旧时皇家狩猎苑的围墙，向下进入山谷之中。"你沿着这条小道行走，就像指挥官在检阅景区一样，它的边际、美丽和历史遗迹尽收眼底，构成世界上一幅美丽的全景图。"

从谷底望去，石塔那高高的塔尖穿过树梢，"像幽灵或一处梦境中的历史遗迹一样，在清澈的天空中若隐若现。"我们又爬了两英里多的石头路，才来到寺庙外院门口的石狮子前。走过一段宽阔的石阶楼梯，就到了外院大门的门槛前。这个门槛高出楼梯顶端两英尺。哈伯德先生说：

这样的设置，是为了挫败那些试图进入庙里的邪魔。地面上的任何岔口，都是阻碍邪魔的路障。如果一个很强大的邪魔越过了最初的障碍，那么当它进入大门，将会面对更多、更可怕的阻击。大门两侧各有一位凶恶的门神。这两位摆出一副凶神恶煞的姿势，暴躁地把镖枪举过头顶，随时准备投向入侵者。在昏暗的光线中，这两尊门神看上去非常逼真，令人胆战。所以，我们非常相信，没有一个邪魔胆敢冒险冲闯这里。

我们勇敢地从这两位门神前经过，然后再登上一些台阶，进入四天王殿。这些用木头和灰泥做成的大雕塑，和门神一样令人感到恐怖。"它们立在门廊左右两侧，一边一对儿。"

照片中那个巨大的石头佛塔，是碧云寺引以为傲的荣耀。佛塔在整座寺院的后方，远远高于其他庙宇殿堂，显得更加庄严、壮观。这座佛塔增建于公元 1748 年，是乾隆皇帝送给碧云寺的礼物。这位皇帝喜欢山中这处僻静之地。他还在这里建了一座行宫，以规避繁冗的政务。

碧云寺近景

44
北京风景如画的山峰

　　紫禁城红墙黄瓦的城墙北面，有一座漂亮的假山。"这座充满艺术构思的小山"，叫作景山，或者叫作"景色之山"，是古都北京一个著名的地标。它有趣的历史，使我们回想起那个浪漫时代——元朝大可汗统治北京时期。马可·波罗在描述如诗如画的北京时，这样描写这座小山：

　　此外，宫殿往北约一箭之地，有一座小山。它是用造湖挖出来的泥土，艺术地堆砌而成的假山；高一百多步，周长一英里。满山树木，从不落叶，四季常青。整座小山还盖着一层蔚蓝的矿石，阳光下显得非常绿。因此，不仅树木是绿色，而且整座小山也变绿了。一眼望去，满山都是绿色，因此它成为绿山，"景山这个名字叫得非常好"。

　　山顶还有一座精美的大殿，里里外外都是绿色。因此，山、树和宫殿一起，构成了一幅迷人的景观，满眼绿色令人惊诧！看到这些景色，任何人都会心旷神怡。大可汗建造这座假山，也是为了抚慰身心。

风景如画的景山顶上，从前那座精美的大宫殿，早已消失了。现在这座著名的小山上有五座小凉亭，分别坐落在五个小山峰顶上，它们建于16世纪的明代嘉靖年间。在这张罕见的照片中，可以看见五座山峰中的三座，它们自东向西排成一线。

现在，马可·波罗热情洋溢地描写的那些"蓝色矿石"和美丽的树木，全都看不到了。但是，今天小山上的树木依然繁茂，凉亭依旧闻名于世。"俄罗斯女皇听了大使的描述以后，对景山上的亭子非常着迷，下令在沙皇村也仿建一座。"

根据传统说法，景山是用煤堆成的，万一京城被长期围困以后，它可以提供燃料。因此景山又俗称"煤山"，现在人们也这样称呼它。但是，山上没有发现任何煤的踪迹，因此一些人认为皇家修建景山，纯粹就是为了修建一座园林。尽管这样，几百年来这个迷人的景点一直蜚声在外，因为它是中国古代皇帝们的休闲胜地，也是他们特别喜欢的地方。在这里，也就是在自己的这一片美景当中，明代最后一位帝王崇祯皇帝，在首都沦陷于敌手之后，上吊自尽了。

景　山

45
太和殿

　　马可·波罗对北京古代宫殿的描述，奇特而迷人，这给了我们一个绝佳的机会，来深入了解现存的这座宫殿——当时最华丽的宫殿，究竟是什么样子。这座元代大可汗宫殿的总体规划，和近代那些优美的宫殿没有什么不同。因此，让这位著名的威尼斯旅行家，给我们讲述他对"伟大的皇宫"的印象，也比较合适。描述完紫禁城的总体规划以后，他用绚烂的文笔盛赞了这座宫殿——如此的华丽，与欧洲的宫殿如此的不同。他这样讲：

　　大可汗的皇宫在第二道围墙内，我来告诉你它的样子。你要知道，这是世界上最壮丽的宫殿。宫殿本身只有一层，坐落在地面上，仅地基比地面高出十手掌。周围有一圈大理石墙，与地基同样高，人们登上这里，才可以进入殿内。墙上面有人行道，两步宽，突出于宫殿地基以外，形成一个可供步行的平

133

台。借这个平台，人们可以绕宫殿行走，欣赏它的壮美。同时，墙的外沿还有非常精美的柱状栏杆。宫殿的屋顶非常高，外墙上镶满了金银。屋顶和外墙上还装饰着龙（镀金雕塑）、鸟兽、骑士和偶像，以及其他各式各样的饰物。并且，天花板上也镀金烫银，装饰着图画。宫殿的四面各有一座大理石楼梯，人们可从楼梯登上石墙，然后进入宫殿。

宫殿内的空间非常大，足以同时宴请六千人；你还会惊叹——周围还有那么多的房屋。这座建筑如此宏伟，如此华丽，是世界一流的设计。屋顶的外部，涂着朱红色、黄色、绿色、蓝色，以及其他各色颜料，外面还用清漆把这些颜料加以固定，这使它们显得如此优美精致，发出水晶般的光芒。相应地从远处看整座宫殿，它也是流光溢彩，壮美无比。当然，屋顶建造得也很结实，可久经风雨。

华丽的太和殿，可能没有马可·波罗时代的前身那样大，但四百年来，它一直为紫禁城的庭院增色不少，也是东方艺术和工程的一件佳作。这座建于永乐年间的太和殿，有五层大理石台阶，巨大的朱红色立柱，彩色拱形屋檐，以及铺着金闪闪琉璃瓦的重檐屋顶，可谓是一件经典之作，也完全可以和它的前身相媲美。

太和殿

46
南湖岛——昆明湖上的明珠

　　昆明湖南部有一座漂亮的绿岛，借由著名的十七孔石桥与陆地相连。这座小岛，就像银色湖水中的一颗明珠。岛上有一座著名的庙宇，"用来供奉闻名中国的龙王"。

　　这座有趣的庙宇高出湖面很多，地基是天然的石头。在地基较低的一侧，有迷人的山洞和阴凉、昏暗的岩穴，它们深受中国帝王们的喜爱。

　　整座小岛约有一两英亩大，四周有宽阔的石阶，还装着雕饰精美的大理石栏杆作为防护。那些长得郁郁葱葱的绿植，本是用来装点和美化小岛的，但它们很快就侵占了这美丽的台阶。想沿着台阶愉快地散步，欣赏湖边的美景，看来是不行了。

　　在一个石洞的顶上，我们拍摄了这张照片，展示了迷人的树林的一个小角落。从照片中能瞥见西边的美景：脚下的湖水波光粼粼；远处的驼背桥遥遥可望；更远处的玉泉山——那陡峭的斜坡在夏日薄雾中清晰可见，雅致的佛塔矗立在山顶，使它极具艺术魅力；再远一些，西山那引人注目的山峰，高高低低的轮廓隐约出现在你的视线中。

自昆明湖岛中望远

47
碧云寺里的观音

从四天王殿出来向上走，经过一座亭子，里面有一座笑容可掬的弥勒佛塑像。屋顶上有一个巨大的缝隙，现在风雨从中灌了进来，吹打着弥勒佛的镀金塑像，但他毫不在意，依然开怀大笑。而那些贫穷而淳朴的乡民依然"羡慕他，因为他的大肚子永远填得满满的"。穿过一群模仿天堂和地狱的雕塑——剥落的塑像表现的是"畸形的艺术"，然后拾级而上，来到一处宽敞的庭院。院子里树木葱茏，藤蔓郁郁，还摆放着一些铜缸和石头雕塑。前面是一条山间小溪，上面跨着一座石桥。走过小桥，我们就来到了主殿，里面供奉着最重要的佛像。殿里一片昏暗，在厚重的幔布、高大的烛台和虔诚的祭品后面，有一尊巨大的坐像，那是释迦牟尼。

还有一处漂亮的院子，坐落在更高一些的山坡上，里面有一座装饰华丽的神殿，供奉的是观音菩萨——"慈悲女神"。

这位"在佛的神谱中与人最亲近的神",通常是坐在莲花上,这里的她却骑在一头猛兽的背上。那是神话传说中的"狴",一头最凶猛的野兽。按照传统的说法,这只中国的"兽中之王"能走会飞,还能控制一切生灵。"它们只要发出古怪的吼声,连老虎都得顺从听话,像那些弱小的动物一样乖乖受戮。"是"体察下界聆听人间悲苦"的观音菩萨,用神力驯服了这只猛兽,安稳地骑在它的背上。有许多佛经,都极力颂扬这位最受欢迎的女菩萨。"称念菩萨名号,风暴和仇恨会消解,火灾会平息,恶魔会消失,人们犹如天上的太阳一样安详。"

　　这里的两座主殿,和大多数寺庙一样,有释迦牟尼佛像和观音菩萨像。这里"有礼佛的全部设施——大锣、涂漆的大鼓、铜铙钹、僧人诵经时敲击的心形木鱼、跪拜时所用的长凳……;祭坛上还设有一套祭拜所用的器具、摆放祭品的杯盏、盛满了积年香灰的香炉、手腕一样粗的红烛、成堆的水果、用条状甜酥饼垒成的奇怪的十字形小塔"。"佛像背后的屏风,装饰华丽;佛像上面的天花板由镶板组成,上面涂着油彩,雕饰非常漂亮。"在这些保存完好的神殿和周围的亭台楼阁中,以及色彩缤纷、鲜花点缀的院落中,蕴藏着许多珍贵的、古老的艺术珍宝。

碧云寺观音

在以前那美好的帝王时代，北京几乎没有公共花园供人消遣。事实上，据胡适博士讲，甚至一些学者和受过教育的富人们，"除了陶然亭—— 一个位于京城最南端的偏僻荒凉的亭子，也没有什么游览或集会的地方"。

但是自从清朝垮台，中华民国成立以来，北京城发生了巨大的变化。一些精美的皇家园林变成了公园，开始对外开放。

在这些皇家园林中，第一个对外开放的是皇城南侧的园林，里面有社稷坛。而最后开放的是美丽的北海，它位于皇宫的北部。

社稷坛公园，现在叫中央公园，是北京城内最有魅力的景点之一。它里面有优美的漫步小径和两旁栽着香柏的林荫大道；还有咖啡厅、餐馆和好玩的游乐场。为了防止流氓和大量的乞丐进入里面，公园要收少量钱作为门票。

中国人喜欢凑堆儿，北京的上层社会人士，每天都喜欢到漂亮的中央公园来闲逛一番。在这里，名流们可以摆脱单调乏味的城市生活，优雅闲坐，或者与好友品茗，同时欣赏着护城河里那静静的流水。

"游客想要观看北京生活最美好和亮丽的一面，应该在夏天傍晚5点到7点之间，到这座公园里来。树荫下有曾属于皇宫的石条长凳，花坛里有热闹的货摊和餐馆，这里还有人造假山，水坑里满是漂亮的金鱼。"中央公园立时成了京城内最令人流连忘返的休闲场所。裴丽珠观察道："有一些人，逛遍了所有景点。他们衣着华丽、聪慧贤达，是北京最上流的人物。"

这些公园的北部，挨着紫禁城的围墙。照片中展示的是一座气派的角楼——重檐屋顶上面铺着明黄色的琉璃瓦，使公园的一角黯然失色。照例，墙外有一条宽阔的护城河——夏天时，河中铺满了盛开的荷花。护城河上有一座长长的红桥，我们的照片拍摄于桥的南侧。

紫禁城之便門

49
祈年殿

　　第一次游览北京天坛的经历，你永远不会忘记。从西墙上的广利门进入天坛，走上宽阔、平缓的林荫大道，两旁是原始树林，"过去用于祭祀的牲畜，曾在这里的林荫中吃草"。这时你往远处一瞥，就会看见一个天青蓝色的巨大圆形屋顶，矗立在东边的天空下。长长的林荫路尽头，有一条宽大的大理石堤道，这是著名的"神道"。转向左侧走一小会儿，来到一个壮观的门楼前——门上雕饰雅致，门楼呈"山"字形。穿过这座门楼，眼前是一幢庞大的圆形建筑，它那庄严肃穆的气质令人窒息，这就是著名的祈年殿。"祈年殿耸立在三层大理石平台上，高99英尺，三层重檐，蓝瓦金顶。"这座美丽的"祈求年年丰收的大殿"，比皇穹宇要高许多；它的平台，甚至比南边那神圣祭坛的还要宽很多。"这是一座令人难忘的建筑杰作：三层蓝瓦重檐；雕饰繁华的天花板；竖立在大理石平台上的大木柱，上有蟠龙纹饰，高得令人咋舌。"

这些立柱是祈年殿中最引人瞩目的特色之一。裴丽珠讲："四根优美的涂漆立柱，支撑着上层屋顶；十二根红漆立柱支撑着较低的两层屋顶。每一根柱子都是一棵笔直的树干。藻井上装饰着龙凤浮雕，分隔藻井的横梁色彩缤纷，金光熠熠。细格窗户犹如设计雅致的屏风。漂亮的大门上，有做工精美的铰链和镀金的门钉。"正中有块神圣的石头，皇帝过去就跪在上面祈祷。石头后面是高大的王座屏风，深铜色，上面雕着龙。从光滑的大理石地板往上，走过九级台阶，可登上最高处神圣的平台，这里也供奉着皇帝先祖的牌位。除此之外，大殿内没有多余之物。过去每年农历正月，皇帝都要来到这里，在上天和祖宗牌位前礼拜——一个大国的统治者，在这里领受每年的使命。

祈年殿两侧的宫殿，呈长方形，也是蓝瓦铺顶流光溢彩。这些次一等的建筑，在过去是斋宫，守卫室，神厨——"按照传统仪式，准备神圣的祭肉的地方"，神库——其中存放的祭祀物品，到现在还没用过。

天坛全景

　　天文学家们讲过："从月球上用肉眼观察地球，中国的长城是唯一能看到的人工建筑。"关于长城的庞大，还有一些源于事实的说法：如果用修建长城的材料，沿赤道修建一道固体屏障，它可以高 8 英尺，厚 3 英尺！

　　在八大世界古代遗迹中，只有中国的长城和埃及的金字塔，历经岁月沧桑还能幸存下来。然而，如果与万里长城相比，法老们所建得最大的金字塔，仅是个矮子而已。据估计，修建长城所用的材料，可以建造 70 座那样的金字塔。

　　不同地段的长城，大小也不一样。东段的明长城，防护做得最好，底部厚 25 英尺，顶部厚 15 英尺。高度方面，各段长城在 15 英尺到 30 英尺之间。在不易受到攻击的地方，建筑用料就相对较差，城墙也比较矮。但是所有的战略要点，用的都是最坚固的条石，建得非常高、非常宽。如照片所示，长城烽火台的顶部铺着砖，外面是矮墙。

在照片里这个战略要点上，有许多瞭望台。从地平线上望去，可以看见其中的六座，每两座之间相隔1/3英里。仅明朝就修建了两万多座瞭望台，用小堡垒构建了一条真正的链条。据一位官员讲，古代"所有瞭望台上都驻守着小股军队，他们有一套出色的烽火信号传递系统。通过这种方法，信号在瞭望台之间传递，短时间内就可传到几千英里之外。这样就能召集大部队，与那些在长城外侦察以寻找防守弱点的蛮族，同时展开行动"。

照片里展示的部分长城，是我们从一个瞭望台的拱门里拍摄的。这座瞭望台位于著名的南口关上面。在古代，南口关是中国和远方蒙古之间的通道，使用频繁。"由于它是重要的关隘之一，能通行马车和骑手，因此也是重要的战略防护点，过去在瞭望台里驻扎了一百多名士兵。根据记载，这里配备的食物、燃料、药品和武器，使士兵在围困之下，能抵挡好几个月。"站在这座要隘上，看到这破碎的长城，你很容易想象出古时激烈战斗的场景。以前还有五道墙、五座门守护着这里。

自城阙望长城

51
龙椅

太和殿是紫禁城内级别最高、最美丽的宫殿。裴丽珠在记述北京的那一章中，对太和殿有这样的描述：

一座高高耸立的建筑，高 100 英尺，长 200 英尺，宽 100 英尺；从地面到最高处的平台，有五座楼梯，上面铺着雕饰精美的大理石台阶；大殿门前，摆放着奇怪的太阳和月亮刻度盘，镀金的盛水铜器闪闪发光。以前，只有举行最高级的仪式时才使用太和殿，比如新皇帝登基，或者皇帝的庆祝寿辰。

大殿内部庄严而辉煌。深红色的柱子上涂着铜色油漆，支撑着藻井上彩色的横梁，而藻井的颜色是孔雀蓝和孔雀绿相间，上面还绘有飞龙。

除了一个讲台以外，大殿内没有别的东西，显得非常空旷。这种空旷和简朴，更凸显了大殿的高贵庄严。当你进入殿内，目光会被第二样装饰物吸引，因此自然会望向一座气派的平台——上面那镀金的王座金碧辉煌，王座后面的屏风雕刻精美、装饰繁华。这就是著名的"龙椅"。我们仔细观看了一下王座和屏风上的浮雕，发现上面刚好有 99 条龙。也就是说，无论什么时候，只要皇帝这条真龙登上他的王座，就构成一个完整的数字 100——100 条龙占据在"龙椅"上。

往日那些天子们，沿着五层石阶走上这庄严的平台时，内心该有多激动！因为，即使现在是民国时期，当站在王座前那金光闪闪的台阶上，眼前的庄严辉煌，依然使我们激动不已。"何况那时的仪式更为盛大，绚丽的台阶两侧跪着王公贵族，周围手持武装的士兵威武而庄重，犹如一幅壮美的画卷。"

王座可以从三面登上：平台的左右两侧各一座楼梯；中间是并列的三道楼梯，正中那道可直通王座。这 5 道楼梯，每道只有 9 个台阶。9 这个数字在中国的堪舆中很常见，它可能是圆满的象征。这张不寻常的龙椅照片来之不易，因为不经允许，所有人都不得入殿内拍照。照相机，以及任何与摄影艺术相关的设备都禁止带到太和殿里。通过最特殊的方法，我们才弄到了这张照片——展示着大殿内部的宏伟豪华。

最近一两年间，太和殿变成了一个国家博物馆。现在，它的石头地板上摆满了各种珍贵的历史文物。然而，这些艺术品无助于这座辉煌大殿那庄严简洁的氛围，反而破坏了那种氛围。

龙　座

　　昆明湖南岸水边，有一个宽阔的平台，上面摆放着一尊铜牛。这尊著名的铜牛是乾隆皇帝所建，在中国的雕像艺术中非常罕见。这头栩栩如生的公牛，昂着头静静地卧在湖边，"二百多年来一直享受着眼前的美景"——美丽的昆明湖全景、小岛、石桥、亭台院落、玉泉山及其山上古老的庙宇和宝塔。在1860年的那场战争中，万寿山遭到了破坏。当天，英国军官吴士礼见到了这尊铜牛，他说它"太逼真了。以至于所有人都误以为它是一头真牛，直到走到它，才发现原来是头铜牛"。

　　在铜牛的另一边，有一座非常雅致的石桥，跨过湖水连接着碧绿的龙岛。这座桥有17个桥拱，用光洁的大理石砌成；桥面的栏杆上雕着狮子，它是北京最精美的桥梁之一。这座桥的历史，可以追溯到乾隆年间——公元1755年。美丽的颐和园经受这次战祸以后，18世纪那些壮观的历史遗迹所存无几，这座著名的桥梁、铜牛以及山腰间的铜亭，是少数幸存者。

从石桥那宽大、光滑的石板上走过来，我们绕着人工小岛闲逛，享受了一两个小时的美景。我们穿过凉爽而迷人的假山，走进岩洞深处；从大树绿色的"华盖"下走过，围观可爱的亭子；而那些色彩斑斓的琉璃屋顶——釉面是旧时皇家的黄色、绿色和蓝色，这时却在轻蔑地看着我们。这座迷你小岛，建在坚固的大理石上。据一些历史学家说，它修建于明朝早期。岛的石头岸边有一座庙宇，里面供着中国著名的龙王，所以它有时被称作"龙岛"。注意那座巨大的厅子—— 一部分展示在照片的最左侧，名叫廊如厅，或者叫"茶室"。另外，昆明湖边还有一座美丽的桥亭。透过岛上的树林，玉泉山顶上玉泉宝塔的上半部分，刚好能看到。

十七孔桥

53
太后的寝宫

在为重要的建筑和神殿选址时，中国人历来极为认真，想利用自然之美为人工建筑增色。因而在中国，这样精巧的建筑就数不胜数。在这当中，我们发现了一个地方，自然风光和人工建筑结合得最为完美——自然与人工浑然一体，难辨彼此。

那最完美的典范，是一个小殿，以作为慈禧太后的寝宫而闻名。铺着瓷砖的屋顶平缓而下，屋檐色彩缤纷；饰有花纹的方格门窗，有一半掩隐在美丽的岩石草木中。这一切，把这个小小的院落变成了林中天堂，令人着迷。寝宫及其周围的庭院，呈现出来的整体氛围是静而不是动，正是东方人所寻求的理想生活状态。

我们照片中展示的，是这座华丽小殿面向山坡的那一部分。晨曦透过树枝，照亮了那些支撑屋顶的红色大柱子；投下来淡淡疏影，印在大理石平台和碎石路上。

我们穿过一道拱门，进入南院。令我们高兴的是，这里有四棵海棠——院子两边各有两棵，枝上鲜花正茂。优雅的粉白色花朵，散发着迷人的芬芳，使这个院落更加美丽。在树和寝宫的主建筑正门之间，立着一排庄严华贵、栩栩如生的铜器：中间是铜鹤、铜鹿，两头各一只大铜瓶。在这排铜器中间，有一个做工精致的汉白玉日晷，在阳光下闪闪发光。

　　我们准备进入殿内，但是横贴在门上的宽纸条，告诉我们这里已被封存，不得擅入。因此，我们只好透过方格门和罕见的玻璃窗，一探寝宫内的精彩。室内一角有一个壁龛，挂着明黄色的帷幔，那是太后的床。床的上面有一些架子，曾经摆放着太后收藏的时钟。这些时钟，据说"是太后的嗜好"，因为太后的时钟"一度曾多达 15 只"。

　　我们恋恋不舍地离开这个美丽的地方，沿着绿树成荫的湖堤，走向下一个目的地——高大气派的佛香阁。佛香阁是一座圆形塔状庙宇，坐落在一座小山顶上。

皇后御寝

54
玉泉山上的塔

　　在广袤的直隶平原上，一座山拔地而起。它位于北京西部，距离颐和园1.5英里，这是一座名山，山上还有更著名的泉水。这就是闻名中国的玉泉山，几百年来，一直是皇室垂青之地。

　　坐落在山顶的高塔，向下俯瞰金朝皇帝修建的避暑胜地，避暑胜地已经修建八百多年了。元朝继续保留了这处园林；明朝统治者修缮并扩建了这里。后来的清康熙帝，是一位自然和艺术的爱好者，他在这里又修建了寺庙和宝塔——"一处供奉佛，一处供奉泉神。最可爱的是大理石宝塔，它从地面挺身而起，像一朵白色的百合花。塔的底座刻着海浪纹；塔身通体共七层，但是体形较小，立在一朵巨大的莲花上，每朵花瓣雕刻得都很精致"。

　　山顶上高高的尖塔是玉峰塔，完全用石头建成，在这两座塔中比较突出。沿着弯弯曲曲的楼梯，可以从塔底走上高得令人眼晕的塔顶。站在最高平台上的有利位置，周围平原那壮观的风景可尽收眼底。只有站在这最高的宝塔上，我们才能像鸟儿一样，远眺美丽的颐和园——可爱的昆明湖，桥梁、岛屿、楼阁和金色的宫殿；同时，我们的目光也可越过阳光下平静的稻田，去欣赏西山壮丽的全景，以及山上宁静的树林和古老的庙宇。

这处令人陶醉的休闲胜地，优胜之处不是那迷人的历史遗迹，也不是那无与伦比的风景，而是一处泉水。在山东边的斜坡上，有一个隐蔽的小山谷，非常僻静。从山谷的岩石和蕨类植物中间，涌出一条溪流，溪水清澈透亮，这就是著名的玉泉。这里所有的建筑，都是因玉泉而修建。

泉水上面，高高耸立着一块大岩石，上面刻着"天下第一泉"五个大字，据说是乾隆所题。当我们沿着弯曲的小路行走，看到冰爽、清澈如玉的泉水，顺着曲折的河道，直流到昆明湖中时，我们赞同那位艺术家皇帝对这一大自然馈赠的赞誉。玉泉水从颐和园出来，向东流到京城，为皇宫旁边的"三海"提供了充足的水源。

玉泉山之塔

55
黄寺

北京的艺术珍宝中，比黄寺佛塔漂亮的没有几个。佛塔用大理石砌成，金色塔顶高高耸立于黄寺当中。全塔上下，从雕有波浪纹的底座到金色的塔顶，无不雕刻精美，做工精致。塔的周围装饰着八块镶板，上面有精美的雕刻，照片中展示的是其中一块的近景。不幸的是，1900 年北京被围攻以后，法国士兵驻扎到了这里。据说他们为了消遣，用步枪枪托打掉了许多大理石雕像的头。然而，还是留下了许多雕像，足以展现它们那精雕细琢的做工。尽管黄寺中最引以为豪的是这座佛塔，但是在这座古老的喇嘛寺里，还有许多能吸引人的景致。

黄寺被隔成两部分——东黄寺和西黄寺。两家寺庙虽然相距很近，但是分别由不同宗派的喇嘛住持。东黄寺楼宇高大，金顶流光，供奉的是释迦牟尼佛，整体上比西黄寺保存得要好。但是，"由于缺少了皇室的补贴，两座寺庙现在彻底破败了"。

　　大约在1651年，顺治皇帝在一座辽代寺庙的废墟上，修建了东黄寺，作为达赖喇嘛临时访问北京时的驻锡地。1720年，康熙皇帝在东黄寺内修建了许多豪华的宫殿。据传说，康熙皇帝有一次到蒙古去，导致一位活佛不幸死亡，为了这个特别的缘由，他才为这些极具影响力的喇嘛主教们，扩建和修饰了寺庙。自从这令人不愉快的事件发生以后，他便花费重金来装饰黄寺。

　　那崇高而华丽的宫殿，以前是接待达赖喇嘛的地方，它现在和金光闪闪的厅堂、众多指派的配殿一起，全都不对公众开放。它们现在被喇嘛保留了下来，作为"北京活佛"的驻锡地。作者利用特权，在一次年度"金刚驱魔神舞"举行期间，才见到了这位蒙古圣僧，也见识了他所受到的崇拜。一幅生动的场景：他进入神圣的寺庙；庙里有两列身穿黄色衣服的僧人，他穿过这长长的队列，走向那安放在庄严圣殿上闪着金光的宝座。这里聚集了几百名蒙古僧人和几千名信徒。他这个活佛的化身，开始演示一种奇怪的仪式，并接受会众的朝拜。

　　与黄寺有密切关系的是雍和宫，是另一座喇嘛寺，在内城北墙旁边。

黄寺石塔上之雕刻

56
孔子牌楼

　　北京城内最美丽的中式建筑典范，莫过于那些独特的表示纪念的拱门，或者带有题词的塔楼——一般称作牌楼。中文中，"楼"指的一座高楼或一座建筑；而"牌"指的是碑或题词。因此，一座牌楼，指的就是带有题词的楼。在这些极具艺术魅力的牌楼中，有许多是由皇帝修建，现在仍然是城内一些街道和院落的风景。

　　展示在照片中的孔子牌楼，造型雅致，色彩亮丽。它位于著名的国子监内，立在入口通道上。乾隆皇帝为了表示对学问的尊敬，修建了这座牌楼；前后两面匾额上的题词，也是他亲笔所写。因此，有人说"孔子牌楼"这个名字叫得不够准确。这点儿不妥，但是，丝毫无损它绿黄蓝相间的琉璃砖，或者精巧雅致的造型所彰显出来的美丽。从照片上我们可以看到，它的构成一部分是汉白玉，上面有雕饰；一部分是砖，表面贴着闪亮的琉璃砖；一部分是红色的灰泥。三重檐顶，屋顶和所有皇家宫廷寺庙的一样，铺着御用的黄色琉璃瓦。因为它的装饰多数是闪光的琉璃瓦，所以，中国人称它为"琉璃"牌楼，或者"釉面牌楼"。这座著名的牌楼，今天依然光彩依旧，只丢失了几个奇怪的滴水或者脊兽。

西山有两座牌楼，是仿照它而建。一座在香山公园，另一座在著名的卧佛寺入口处。北海公园内也有一座或几座这样华丽的牌楼，可能都是修建于乾隆年间。在国子监及其相邻的孔庙内，还有许多有趣的历史遗迹。其中最主要的是十面石鼓，都用玻璃箱罩着，隐藏在孔庙那高大的内门里。这些历史久远的遗迹和文明，据说传自周朝。一位著名的中国史专家讲："考古学家对那些大石头上的记录，一直抱有最浓厚的兴趣。"学者们说，上面最原始的篆字，是现存最古老的文字遗迹，但也可能是从更古老的青铜器上抄录下来的象形文字。这些铭文是十首诗，每面鼓上刻有完整的一首，诗句长短没有规则。这些诗的内容，是赞颂一位封建君主（约公元前1000年）的狩猎之旅。那个时候，雅利安人正在攻克印度，大卫统治着以色列，荷马在希腊唱歌。

孔庙

天坛，或者叫作南城祭坛，几百年来一直被看作中国最神圣、最重要的宗教建筑。祭坛坐落在皇宫以南三公里的城郊，位于天坛中最尊崇的位置；四周是闪闪发光的蓝色砖墙、汉白玉凯旋门。这座祭坛确实是中国的珍宝。关于它，卫三畏博士这样讲：

一个美丽的三层圆形平台，用汉白玉砌成；底层直径210英尺，中间150英尺，上层90英尺；每层平台都装着雕饰丰富的栏杆。最上面一层，高于地面约18英尺，地面是大理石石板，铺成九个同心圆；最里面是九块石头围绕着的天心石（中国人把它作为宇宙的中心）。天心石向外，每一圈石板的数量都是9的倍数，一直递增到最外一圈的9倍（9是中国哲学中最受人喜欢的一个数字）。当皇帝在冬至祭拜上天和祖先的时候，就跪在天心石上。

裴丽珠讲：

外国人从未见过皇帝主祭仪式，但是见过祭坛上为仪式做准备的情形。巨大的角灯在杆子上挂着；乐器放置在镀金盘龙的架子上；用于休息的帐篷已搭好；充满装饰的旗帜竖了起来；代表上天的神龛，安放在平台的最高一层，面朝南方。最高的神——"上帝"的牌位，和五位先祖——"五帝"的牌位在同一个平台上，分别面朝东方和西方。而代表太阳、月亮以及其他次一级神灵的神龛，则排列在下面一层。

四个楼梯底部宽阔的台阶上，"放置着许多铜器，里面盛着用于祭祀的衣服和多种动物。但是，焚烧祭品的炉子，比这些铜器更重要"。卫三畏博士接着说道，"它高9英尺，表面贴着绿色的瓷砖，位于祭坛东南几百英尺处。在每年的祭祀仪式中，炉中会焚烧一件祭品—— 一头完整的、没有瑕疵的小公牛。皇帝——也就是天子，是唯一的祭司，是他的子民和上天的沟通者"。在参与仪式的成员中，那位国家的最高官员，在这种庄严的仪式上也只是助手。祭司的主要目的，"不是为了显示皇帝的丰功伟绩或让子民赞叹，而是为了使皇帝的心灵得到净化，能领悟天道"。

天　坛

人们普遍认为，"当今中国，有真龙存在。它们并非像有些人想象的那样，是可怕的怪兽；而是十分友善的动物，所有人都尊崇它们"。在中国四千多年的历史中，有许多关于这种万兽之王现身的记载。龙"出现在许多杰出历史人物的故事中。最值得关注的是这样一个故事：孔子这个伟大的哲人出生当天，有两条龙降临他家，作他的仪仗队"。

龙受到中国人的高度尊敬，是因为皇帝最尊贵的称呼就是"真龙天子"。于是，与皇帝相关的一切，都以"龙"命名。例如，皇帝的王座叫"龙椅"，手称作"龙爪"，用的笔是"龙笔"，长袍是"龙袍"，眼睛一瞥就是"龙眼"。

据传说，龙的身体可以分成三段，每段长度都一样："从鼻尖到肩膀一段；从肩膀到大腿一段；从大腿到尾梢一段。"关于龙的真实长度，说法不一。有人声称自己见过真龙，说它有 100 英尺长；有人说有 50 英尺长；然而还有些说法，认为有些龙确实长达几英里。我们看过一些记载，说最小的龙大概和蚕一样小。这种差别很大的尺寸，在唐代注释的《说文》里都有记载。书中讲，这种神奇的动物力量非凡，能"随意显身或隐身，变得或长或短、或粗或细"。巨大的"九龙壁"，让我们对这种神兽具有的精妙的色彩，有了一个明确的认识。通常它们"有红、黄、蓝、白或黑这几种不同的颜色"。

据记载，龙总共有八种。但是，神龙是最出名的龙，也是中国艺术中描绘得最多的龙。照片中展示的就是这条美丽的龙。康熙年间建了一些天文仪器，而这条做工精巧的铜龙，就是其中一个仪器的一部分。这些精彩的镶龙仪器，位于古老的观象台上，那是内城东墙上的地标。

观象台天文仪器上铜龙

　　万寿山顶上有一座高大的圆形庙宇，沿着高大的楼梯可通往那里。楼梯的台阶很宽，最前面有一个宽敞的平台。这座著名的庙宇，中国人叫它"佛香阁"。还有一些蜿蜒小道，也通向那里。一些小道要经过有趣的隧道、阴冷的岩穴，才能从低处的平台到达山上的斜坡。斜坡靠近顶部，洒满了阳光。

　　沿小道爬山不是件容易的事。中途有一座著名的铜亭，是乾隆皇帝修建的宝云阁，我们就在亭中那诱人的阴凉里休息。铜亭依然位于乾隆为它所选的位置上，从它的大理石平台上，可以远眺昆明湖的碧波。这座装饰精致的小亭子，整体呈亮铜色；重檐歇山顶，比路面高出二十多英尺。环绕亭子的大理石平台，三面有宽大的石头楼梯可供攀登，楼梯上装有汉白玉栏杆。这座亭子所用的材料全部是铜。砖瓦、山墙、柱子、横梁、花格窗，以及雕饰繁华的门，都是坚固的铜制品。因此，人们也就不会感到惊奇——1860 年的那场大火，烧毁了所有其他比较脆弱的建筑，而它却完好无损。

有人告诉我们，这座铜亭是耶稣会神父们的作品，铸成于18 世纪早期（它是一座四方形小建筑，在照片的最右侧）。我们乐意在这里多逗留一会儿，但是听说，到山顶上可以欣赏更迷人的美景，于是继续朝上面的庙宇奋力前行。最终我们气喘吁吁地爬到了山顶。这里有宽敞的带走廊的凉亭，山顶就遮在凉亭那凉爽的阴凉里。我们坐下来休息，眼前是颐和园的全景，美得令人惊叹不已。

向下望去，风光迷人的颐和园，"就像《一千零一夜》中的描述一样"，裴丽珠讲，"这是一处仙境。造型精致的避暑别墅、淡粉色的墙、彩虹样的屋顶、涂漆的圆柱和汉白玉拱门、拱桥，在小山的映衬下，建筑的轮廓多姿多样，柔和的而美丽的色彩变幻无穷"。

正下方，宫殿顶上那黄色的釉彩，映出万道金光，像是洒满阳光的金色海洋。另一边，坐落在松柏林中的无数小亭，五颜六色的尖顶从林中冒了出来，在阳光下闪闪发光；而远处的昆明湖，水面却平静如镜。然后，把目光从这迷人的景色挪开，掠过远处阳光下的稻田，远眺东南方向，可以看见笼罩在尘雾中的北京城。老北京城的堡垒——高大的灰色城墙和塔楼，它们的轮廓依稀可见。

颐和园西之全景

60
龙的信仰

　　中国民间传说，龙生九子，外形和性情各不相同。除了代代相生，龙的家族中还有一些成员，是从鲤鱼转化过来。故事中讲，"跳过东山河流上的一条瀑布，那些鲤鱼就变成了龙。每年都有大量的鲤鱼，游到这个称为'龙门'的瀑布前。它们在瀑布下面的水里来回游动，奋力从旋涡中跳起，有一些成功地跃过瀑布，跳到了上方更高的水流里，变成了龙"。

　　文后的图画，是一个"龙门"的代表，来自影壁上的一幅画，以前它就立在南京贡院的主要入口前。这幅画描绘的是一条正在变成龙的鲤鱼。"根据中国古代的科举制度，一位举人考中进士，朋友们会庆祝他喜跃龙门。这也意味着，一位举人考中进士，犹如鲤鱼变成龙一样艰难。"

　　人们对龙的信仰，将随时代的变化而消失，还是一如往昔？海耶斯先生用 15 年时间来研究中国龙的故事，写成了经典名著《中国的龙》，书中回答了这个问题。他讲道：

　　我的许多中国朋友，甚至少数中国人都有一种感觉：革命和龙旗的消失，会很快把人们对龙的信仰扼杀掉。笔者认为，这是不可能的事。一种支配了中国4000多年的信仰，不会被一场革命所动摇。即使这场革命来潮汹涌，对于过去的时代来讲，仅是在大海表面激起一朵浪花而已。龙既不是清朝的标志，也不代表君主专制，与这两者无关。龙的信仰确实是中华民族的传统，可能会与中国人永远相随。当西方科学渗透到并支配了整个中国以后，龙的信仰至少还能影响一代人。

　　照片中展示的，是从前在太后宫中的一位宦官，身上穿着华丽的官服。数千名这样曾经极为富有的官员和太监，自清朝垮台以后，都陷入了贫困。然而，也有少数人设法躲过劫难，保住了财产。有一个臭名昭著的宫内太监，携带着5000万两白银逃走了，现在凭借外国租界的保护，过着皇帝一样的生活。

宦 官

61
卧佛寺中的卧佛

　　北京有许多迷人的山寺，著名的卧佛寺大概是最古老的一座。这座精美古寺的历史，可以追溯到北京建都初期的后唐年间。卧佛寺建在西山上，紧挨着一处峭壁，四周是茂密的古林。它既是一处风景名胜，又是一处古老的休闲寓所。

　　几百年来，卧佛寺都以殷勤好客而闻名。每到夏季，北京城的许多居民就会来到这里，以躲避城里的灰尘和炎热，享受图画般的美景和浪漫的乡村生活，而这一切都是拜卧佛寺所赐。实际上，每到炎热的夏季，西山所有的寺庙都成了人们的避暑胜地。对此，哈伯德先生讲："寺庙对所有人都开放。感谢中国人在宗教信仰方面的宽容，使外国人也能像中国人一样，自由地享受这里。这里的寺庙，有时候整个院子都成了客房。游客能在这里安顿自己和所有家人，还可以与寺庙的正式生活无涉，独自生活。"

许多住在北京的外国人，会租用他们特别喜欢的寺庙，建立长久的消夏寓所。最近几年，基督教青年会独占了卧佛寺中的大部分客房，在宽敞的院子里建立了城外总部。

　　通往这座古寺的道路也很迷人。一条林荫大道，两旁是美丽的古柏，从山下的平地绵延而上，直至大门旁那黄绿相间、华丽无比的牌楼。这座牌楼是一个复制品，仿照的是国子监中那备受敬仰的孔子牌楼。我们把车停在路边大树的阴凉里，经过闪闪发光的拱门，穿过几处洒满阳光的院落，来到卧佛寺的大殿——这座名寺主要的荣耀。

　　进入装饰华丽的大殿，眼前是一尊巨大的铜像——"卧佛"。裴丽珠这样写道："这尊佛像面部沉静淡然，双眼紧闭——一副形象的安睡模样。佛像穿着长袍，只有双脚裸露在外。虔诚的信徒供养了许多鞋子，有大有小，用丝绸或纸做成，并依照他们的意愿，摆放在祭坛上。为什么？难道会复活？"是！僧人们告诉我，三百年后，这位卧佛就会从长眠中醒来。注意照片左边的那双鞋子——据说是一位皇帝送来的礼物。遵循先例，中国现在的总统们，也在那一长排鞋子中，添上了他们的礼物。

卧佛寺之卧佛

62
北京的一座角楼

这样一组有趣的场景，我们很少看到——健壮的挑水人担着两只空桶，即将走下狭窄的小道，到护城河里打水；装有红色栏杆的小桥，通向老旧的马路；低垂的柳枝，在护城河堤的斜坡上投下浓密的树荫；最后，那灰色、高大、老旧的西便门，耸立在他们上方。

东便门上的角楼，曾与这座高大的角楼遥相对应，现在却只存在记忆中了。1925 年，它被人无情地从经历了五百年风雨的基座上拆下，上面的砖瓦木材，以及奇异的现代式锡质楼顶，都被卖掉了。毫无疑问，这些财富充实了手头拮据的军阀或者贪官们的财库。

这些古老的遗迹——"正在失去辉煌的东方世界"的遗迹，注定也要随之而去，真令人遗憾！它们曾经给沿墙的街景增加了多少风采啊。过去两年左右，遭受厄运的不只是东南方的角楼。东墙上的东直门和西墙上的平则门（阜成门）的角楼，也难逃厄运，现在已成为历史。中国人对这些古迹太不关心，不去保护和修缮它们，因此许多古迹正在快速消失。

以前，这些城墙上的角楼，到战时就成了真正的堡垒。但是，"在明朝晚期和清朝早期，负责守护城门两侧的铜炮，已消失不见了"。现在，只有油漆漆过的炮口，犹如炯炯有神的眼睛——象征着消失了的力量，还在召唤我们回到过去："元代、明代或清代的士兵们，穿着丝绒和绸缎做的制服，"战斗在城墙上的高楼，"手里拿着弓箭、弯曲的长矛，或者笨拙的抬枪"，呼喊着杀向那些包围城楼的敌人；敌人们试图登上或者打破城楼，却都是徒劳。

几百年来，这些高大的城墙和角楼，在防御方面发挥着巨大作用，抵制了最勇敢的军队，最顽强的攻击。伯特伦·伦诺克斯·辛博森讲述了一个早期的骑兵袭击北京的故事：

身强力壮的满族骑兵和蒙古骑兵，从北京北部那绿草丰茂的高原出发，突袭直隶平原以后，试图攻占北京。但是北京这座城市如此之大，岂能轻易攻克。满族人和他们的蒙古同盟，骑马围绕着强大的城墙，不住地谩骂诅咒、向角楼射箭，但不起作用。他们甚至驻守城外，企图迫使守城者因断粮而投降。但是，中国的城市，永远是供应充足。因为首都周边农田上的收获——农村用来贸易和加工的主要财产，都储存在北京城里。所以不久之后，被挫败的入侵者就逃离了，首都的大门再次打开。

西便门

在万寿山，慈禧太后有一座自己的宫殿，殿前有一个秀丽的小院。每到干旱时节，小院里就会举行一种非常优美且有趣的宗教仪式。举行仪式时，高大的铜花瓶中（照片右侧）盛满了水，宽阔的瓶口放着一根粗大的柳枝。

举行仪式当天，参加仪式的皇太后、光绪皇帝、年轻的皇后，以及宫中所有的嫔妃和仆人，每人折一条柳枝放在头上——女人们插在头发里，男人们戴在帽子上（依照佛教信仰，柳条能带来水；因此，按宫中旧俗，祈雨时就要戴上柳枝）。随后，首领太监跪到太后前，宣告仪式已准备就绪，将在太后寝宫前的亭子里举行。亭内放着张大方桌，上面摆着几张大黄纸、一柄玉如意、一些朱砂和两支毛笔。桌子两旁各立着一对大瓷花瓶，花瓶里插着两大条柳枝。桌子前面放着太后的黄缎跪垫。她站在桌前，在一位王妃的协助下，把檀香插入燃着木炭的香炉里。然后，太后在她的垫子上跪下，年轻的皇后跪在她后面，宫中的嫔妃们排成一排，跪在皇后的后面，接着所有人都开始祈祷。简短的仪式中，所有人都衷心地为可怜的农民祈祷。祈祷重复三次，跪拜九次。他们口中还要轻声祷念："我们祈求上天、祈求所有佛祖怜悯我们，让穷苦的农民免于灾祸。我们愿意为他们做出牺牲。祈请上天降雨！"仪式结束后，太后登上御座开始早朝。

照片中间那只美丽的铜鹿，是长寿的象征；它口中衔的灵芝草，寓意长生不老。这只铜鹿内里中空，背上有一个容器，当中经常燃着檀香——芬芳的香烟从铜鹿的嘴里和鼻孔中冉冉而起。

巨大的铜缸，或者叫"太平缸"，也有一段有趣的历史。以前缸里总是盛满了水，以预防火灾。事实证明要是发生火灾，它还真没大用。但是人们认为有它在，就能增添好运，阻止火灾的发生。我们可以说这些统治者有些迷信，但是不知何故，"好运"一直在延续，甚至延续到了现在的民国时期。几十年来，颐和园中的那些亭子，从未遭遇过火灾。

颐和园铜鹿

64

辟雍殿

　　国子监犹如一座公园。站在辟雍殿前，没有人会意识到——他正站在世界上最古老的大学里面。然而这是事实。虽然它现在所处的位置、优美的建筑、引人注目的牌坊、几百座石碑，不会让人觉得它太古老，但是这座具有历史意义的大学，作为一个国家级别的教育机构，它享有的荣耀，不是几百年，而是千年以来从未中断过。丁韪良博士讲，国子监"作为一家皇家大学，它有固定的组织机构和确切的学习科目。回顾它的历史，或者追溯它的传承就会发现，它设立的时期远在修筑长城之前。公元前1000年的周朝非常繁荣，这个机构在那时就很兴盛，名称也和现在一样叫'国子监'，或者叫'天子儿子的学校'。那时，科学的光明还没有照到希腊，毕达哥拉斯和柏拉图还在太阳城跟随祭祀探求知识"。

　　现在的国子监，挨着北京内城的北墙，这可能是元代皇帝选的地址，此后周边又有了许多建筑。现在的辟雍殿，也就是我们照片中展示的大殿，建筑风格相对现代化一些，是乾隆皇帝仿照古制修建的。它是一座方形建筑，周围是庄重的雪松；它高大气派，走廊宽敞，窗饰精美；屋顶是双重飞檐，铺着明黄琉璃瓦，最上面立着一个镀金的圆球。许多人认为，它是现存中国建筑中最精美的典范。更美丽的是，整座大殿处在一个环形的池塘之中，水上有四座大理石桥，可通往大门。池塘四周，砌着一圈优美的大理石栏杆。这座学宫里面，安放着一个雕饰精美的御座，后面是一架著名的屏风，上面绘着中国的"五岳"。天子每年都要在这里会见贡生和北京的文人，并讲述经典。

庭院两侧那宽敞的门廊后面，立着170座大理石圆柱，上面刻着"十三经"。庭院周围立着一排排石柱，总共有300多个，上面刻的是会试前三甲的名字。"这个用花岗岩制作的登记簿，已有600年历史，是一份完整的名册。自从设立国子监以来，所有获得博士学位学子的名字，都登记在上面。"

国子监

南海宫殿及其花园，以艺术美而闻名于世，可能仅次于著名的颐和园。如果你经常光顾这里，并且酷爱颐和园的胜景，那么肯定会推测出这片美景的作者是谁——不是别人，正是慈禧。她是"一位艺术大师，对美有着热烈的追求"。她能将自然和艺术之美巧妙地融合，展示在南海之滨。

裴丽珠讲："南海宫殿的每一处景致，都与慈禧太后息息相关。当我们漫游其中，甚至会忘记它以前的主人。这是太后一个人的花园，她一直喜爱这里。这里的一切，都彰显着太后那快乐、热情的浪漫情怀。"

从南海平台那美丽的岸边出发，我们往北走，路过那些著名的岩石花园。为了到达远处那幢最重要的建筑，我们必须穿过有趣的"之"字形"万年桥"。过桥以后，沿着一条装饰精美的长廊前行——它和颐和园中的走廊一样。经过太后的私人戏台——建在水上，能使演员的声音变得婉转悠扬。之后到达总统会客厅。会客厅的地面用黑白相间的大理石铺成，天花板非常漂亮。再往后是总统的住处。这座西式建筑里，住着总统的政要和家人。

离开这里，我们沿着湖边的弯曲小道蜿蜒前行，一直走到一个巨大的影壁前。影壁立在慈禧寝宫前方。寝宫门前照例由两只狮子守护着，它们造型奇异，用景泰蓝制成。寝宫前面有一个宽敞的庭院，当时应该也是非常迷人。但是，袁世凯为了提供一个接待外宾的地方，就给院子加了个顶，破坏了这处景观。这座寝宫，"现在成了一个新的建筑—— 一个舞台，内部被大量褐色的檀木框架隔开。檀木上雕着的花纹非常漂亮，还散发着暖暖的香味。这些框架有六英寸厚，雕刻精美，样式繁多，两面还不一样"。照片展示的是寝宫的内部，里面装饰得富丽堂皇。这里"是'老佛爷'的住处。那时，慈禧被北京人亲切地称为老佛爷。现在她也随先人而去了"。

瀛　台

66
天坛上每年的祭天仪式

"每年的夏至和冬至，皇帝都会在天坛举行盛大的祭天仪式，向世人正式展示一个最高统治者的职能。"裴丽珠讲，"仪式前一天，皇帝乘坐一顶十六抬的黄色轿子，离开皇宫，出午门前往天坛。"

"随皇帝出行的队伍，色彩多样，好似一场颜色的盛宴。太监骑着马，穿着华丽的礼服，携带着祭祀所用器物；豹尾班侍卫随行护卫；轿夫穿着皇家制式红褐色绸缎制服；旗手身着丝绒镶边制服，手举三角形龙旗；优雅的马夫携着弓箭，牵着身披黄色鞍饰的小马。"

在这支炫丽的队伍陪伴下，皇帝向天坛缓缓而行；整个队列庄严肃穆，绝无喧哗之声。所有人都不得观看，中国人也不例外。队伍经过的地方，任何人不得外出；沿街窗户紧闭，街道两侧围挡着蓝色的幕布。

天坛西侧有一座广利门，穿过它中间的拱门以后，壮观的队伍就停止前进，然后皇帝从轿里出来，走进斋宫深处自省其身。

"斋宫四周围绕着三层幽静的回廊"，楼顶上是绿色琉璃瓦。除了"扎根土中，向天而立"的柏树在风中低语，这里一片寂静。那位皇帝——祭司，在寂静中等待着"黑暗之前那神秘时刻——祖先们的神灵一起围绕着他"。

"这是一种精神力量的传达！"格兰瑟姆说，"这些昏暗中的高墙，就是见证者。当国家的统治者诸如永乐、康熙和乾隆这些皇帝，独自站在这里深思、期盼、祈祷、决断时，指引他们的只有自己的良心和漫长的冷夜！他们在两天的斋戒中，要把心绪从外界收回，努力清除内心的邪念，消除内心的软弱，在上天面前保持内心的纯净和坚强。这样，上天的祝福才能降到天子的子民身上"。

照片中展示的是祈年殿的近景，它气势辉煌，色彩炫目。

祈年殿

每年的祭天仪式实在庄重。格兰瑟姆在非常有意思的新书——《天坛》中，生动地描绘了这个最重要的仪式：

"日出前一小时七刻"，寒冷的早晨还是一片漆黑，"……同时，得到礼部主官禀报的皇帝，从斋宫那被柏树掩映的大门里出来，进入绿玉色的御辇中，在白色星光和红色灯光的照耀下，前去拜会他的上天。当到达圜丘坛南侧的入口时，他走出御辇，进入搭建在具服台上的帐篷里"。

到了规定时刻，皇帝由礼部正副主官陪同，从帐篷里出来，走到"拜位"——第二层平台南部台阶的最上面。协助祭祀的官员、看守祭品的护卫、司仪和传令官，都面朝北方，呈半圆形站在祭台南侧。"皇族子弟也可以参与祭祀，但是他们的位置不能高于第一层平台。"主礼宣布仪式开始："乐师、舞者、指挥、各位司仪，仪式开始！"

然后，开始奏响"始平之章"，在"一片钟鼓管乐声中，皇帝登上最高的平台，上天之灵在这里俯视着他"。平台位于天空蓝色的穹顶之下。皇帝在这里跪拜上天81次。这庄重的仪式过后，象征好运的祭祀用酒和肉，就被分发了。然后，祈祷文和神圣的丝绸类祭品，被虔诚地从最高的平台上搬到东西两侧的台阶上，并且，当宣告仪式结束的乐声响起时，这些东西就被放进铁炉中焚烧。

　　接着，皇帝沿着祭坛那白色的台阶走下来，"被引到一个看台上。看台靠近一个贴着绿瓦的大焚炉。他在这里观看祭品的焚烧"。仪式结束后，天子回到具服台上的帐篷中，脱下主祭的长袍，一个小时内就能回到紫禁城。照片中展示的，是高大的午门的一角。朝中所有官员都身穿朝服，聚在这里迎接祭天归来的天子。

从中央公园望午门

68
一口大钟的故事

优雅的钟楼，是北方这座大城市夜间的女王。数百年来，北京城里的居民一直归它管辖。这么多年来，当宣告宵禁的洪亮钟声在夜空响起，没有哪个百姓胆敢违背旨令。永乐年间，大约是公元1411年，朝廷铸造了十口大钟，这口大钟就是其中之一。关于这口钟的传奇故事，很多也很美丽。在这些故事当中，有一个讲孝心的故事非常动人，裴丽珠和小泉八云曾反复讲述过，我们特意把它附录在这里：

皇帝要求，这口钟的尺寸要足够大，大到撞钟的时候，百里以内的人都能听到钟声。因此，铸钟的材料，要加入黄铜使它坚固，混入黄金使声音低沉，添入白银使声音悦耳。那位铸钟大师，精心挑选铸钟的材料，并以高超的技艺处理它们，还备好了炉火和巨大的熔炉，加工了两次。即使这样，每次都不成功。于是，皇帝非常生气，以至于传下话来：如果这位著名的铸工再次失败，就要被砍头。然后，那位铸工去请教一位算命先生。先生沉默很久以后，给了一个答案："黄金和黄铜不能相融，银和铁不能融合，除非在这些金属的熔炉中加入处女的血液，它们才能融到一起。"

当铸工那漂亮的女儿听到这些话的时候，下定决心要拯救父亲。于是，在第三次开炉铸钟的那天，她跳入了合金的白浆之中，喊道："为你成功，哦！我的父亲。"多彩的火焰形成一个旋涡，立时吞没了她，只留下一只绣着珍珠和花朵的小花鞋，握在一位女仆的手中。原来，当她跳的时候，那位女仆试图抓住她的脚，不让她跳，结果只抓住了这只绣鞋。无论如何，这口钟铸成以后，形体完美，比其他任何钟都美丽，声音也更低沉、浑厚、悠扬。钟的声音像夏日惊雷，传得很远，二百里以外也能听见。然而，在每次钟声之间，人们都会听见轻轻地啼哭声，尾音如怨如诉，就像一位哭泣的女人在喃喃细语："鞋子！"当这种清晰而又温柔得令人发抖的声音，飘荡在空中的时候，北京郊区所有的母亲，都会轻声告诉她的孩子："听，那个孝顺的女儿在呼喊她的鞋子。"那位孝顺的女儿，喊着"鞋！"寻找她的鞋子。

这口大钟是一件传世佳作，据说有53.5吨重，里外都刻着佛教经文。

钟　楼

在中国，所有建筑的设计和风格几乎都一样。寺庙、宫殿和百姓的房舍，外形多少都有点儿相似，建材的差别更小。在西方的建筑规划中，屋顶只处于从属地位，而在中国的建筑中，最有特色的部分永远是屋顶。屋顶是"一座建筑的基本特征，中国的工匠会在屋顶的建造上倾尽全力。屋顶由巨大的木柱支撑着，很重很坚固，上面铺着琉璃瓦。当然，最有特色的地方，是那斜面的山墙，以及顺势而下的较低的屋檐"。哈伯德先生讲，"对于这种独特的样式，以前有一种理论认为，中国人的屋顶，是直接从游牧民的帐篷演化而来"。

独特的中式屋顶上最令人称奇的是"脊兽"。它们在屋顶斜面的下端，依次排成一排。这些上釉着色的动物，和它们蹲坐的砖是一体烧制而成。一排脊兽的数量最多有 12 个。屋脊上最高的那只脊兽，是一条貌相凶恶的龙，尾巴上的毛很密，两只角长得很吓人。在它前面会排列 8 只到 10 只普通的动物，像狗或狮子之类，它们挺着腰，竖着耳朵，神气中透着些滑稽。一排脊兽中最后一只位于屋脊的末端，是一个长胡子、骑着一只母鸡的小老头儿。脊兽的这种组合很奇怪，关于它们的来历，哈伯德先生讲：

在最古老的帝王时代，大地上有一只名叫"翁"的妖精，作恶多端，皇帝和百姓深受其扰。皇帝下令，组织一张大网捕捉这只妖精，"翁"最终被赶到地面上，被抓住戴上镣铐送进了皇宫。人们虽然能抓住它，但究竟还是缺乏力量杀死它。这可把皇帝愁坏了。他要找一个地方，能把妖精关住，使它永远逃不出来。皇帝把智者招来，向他们咨询此事。他们建议："把'翁'绑到一只母鸡的后背上；然后把母鸡放到高高的屋脊上，高得让母鸡跳不下来；再在母鸡后面放置一排猛兽，以阻止它向后爬。这样，母鸡就永远待在那里，'翁'再也逃不掉了。"皇帝采纳了这条建议。因此在今天的中国，你到处都能看到那个倒霉的"翁"，骑着它带羽毛的坐骑，高高地立在屋顶上。

照片中展示的，是卧佛寺的一个大堂，或者说是一个"厅"。我们到这里参观的时候，人们正在修补它，因此里面空空荡荡，除了几根巨大的立柱以外，什么也没看到。堂前有一个可爱的小院。令我们印象最深的是院中那只大铁钟，它上面装着铁链，挂在一棵大树的枝干上。

卧佛寺之钟

铜器和石台

皇家宫殿宽敞的走廊上，摆放着巨大的圆柱形铜瓮，像紫禁城的皇宫、颐和园内不太正式的楼厅都是这样。这些铜瓮，其实不是一些不礼貌的西方人说的那样，用于盛放皇帝的骨灰，而是用来焚香，或者焚烧一些更昂贵的礼物，以祭祀上天。高大的铜瓮上面，经常铸有一些造型精美的龙或凤。

照片中这极富美感的画面，拍摄于一个高高的露台上。这个露台位于颐和园一座主殿前面，有雕龙镇守在这里。露台的前方和两侧的楼梯很宽，四周的汉白玉栏杆上，饰有祥云图案。并非有意在照片里现身的作者，使这张原本就很出色的照片更为精彩。他正站在那里，近距离观测面前那尊漂亮的铜龙。在露台右侧相似的位置，也有一条铜龙，展示在本书另一张照片中（请参看本书 P96）。

我们注意到，这尊旧铜龙，那华丽的基座用大理石砌成，上面的纹饰丰富而精美；龙身的线条优雅匀称，栩栩如生。这尊雕龙，抬起的前爪中曾经握着一只覆有火焰的盘子，大概代表太阳，不幸经过无情岁月的侵蚀后，消失不见了。

因此，北京城里那些美丽的宫殿和庭院，渐渐失去了往日荣耀。高大的城墙和塔楼在坍塌，著名的牌坊在破败，珍贵的艺术之作在破裂；天体仪上的铜层，在日光的照射下，正在剥落；一些无价之宝正从老旧的底座上，神秘地消失。它们过去的荣耀，在处于极端共和的革命时代，不知道尊重它们的华夏儿女手中，就像龙爪上消失的那个小"太阳"一样，注定要悄然而逝。按照现在的残败速度，一百年以后，甚至是五十年以后，美丽的北京会变成什么样子呢？有人想说说这事。

颐和园之铜器与石座

71
喇嘛庙里的课诵

喇嘛庙的诵经大堂中，日常举行一种奇怪的仪式，它在北京的五种宗教中，最为有趣。庙里的晨诵仪式在 10 点钟举行，既向中国人开放，也向外国人开放。诵经堂，或者是主殿建得非常大，可以坐 600 到 1000 名僧人。

大殿的门以格子为装饰。我们进入后发现，正中供奉的佛像并不高大，形制很小。裴丽珠在描述雍和宫时，曾这样评述这尊佛像："身披黄色绸缎袈裟，头戴黄色兜帽。他并不像一些较大的佛像那样引人瞩目，但是他非常神圣，是宫中最神圣的佛像。"

我们还没来得及环顾这座大殿时，塔楼上响起了一声低沉的鼓声，表示诵经时间已到。很快，僧人们或两人一对或几人一伙，从外排队而入，各就其位。这种独特的集会，世上难得一见。僧人们那红褐色的僧袍，明黄色头盔形僧帽（据说这种帽子的形状源自青山，那是中亚的一座圣山），形成一幅令人难忘的画面。当坐在僧人中间的住持（照片中的僧人），从身旁花瓶中举起一束孔雀翎时，奇怪的乐声突然响起，铙钹声、击鼓声、喇叭和海螺的吹奏声交汇在一起。住持颂唱着与格里高利圣咏相似的颂词；僧人们像唱诗班里的歌者一样，面对面背诵着冗长而枯燥的颂词，同时手上还做着许多神秘的动作。持续地重复吟诵祷词，本意是让人的意念从世俗中摆脱出来，但实际上却麻木了人的神志，令人昏昏欲睡，不能进入庄重的冥想之中。很明显，对这些随节拍摆动身体、懒散地跪在垫子上的僧人来说，门外的参观者比虔诚的仪式更有吸引力。尽管这种仪式会令人昏睡，但是我们不得不承认，这种仪式还是令人印象深刻。特别是在一些重要节日上，僧人们在枯燥的唱诵中，会适时地用一种特别低沉而又虔诚的声调，颂唱华美的赞佛词，这种声调令人难忘。但是，现在即使遇到最重要的节日，这座华美的雍和宫中，也仅有一百多名僧人聚在一起诵经祈祷。令现代人感到震惊的是，一百或者几十年前举行这种仪式时，在强大的帝王们资助下，会有一千多名蒙古僧人聚在这里，参加这种奇怪而盛大的颂唱活动，以抵制信仰的天敌——"邪念"。

照片中的喇嘛，是雍和宫的住持。他身穿代表住持的华美僧袍，站在高大的诵经殿的台阶旁边。

主　持

图书在版编目（CIP）数据

燕京胜景／（美）赫伯特·克莱伦斯·怀特著；韩
成才译著. —北京：中国文史出版社，2018.11
（近代世界对华印象／韩淑芳主编）
ISBN 978 - 7 - 5205 - 0650 - 2

Ⅰ. ①燕… Ⅱ. ①赫… ②韩… Ⅲ. ①名胜古迹—介
绍—北京②北京—地方史—史料 Ⅳ. ①K928. 701②K291

中国版本图书馆 CIP 数据核字（2018）第 253572 号

责任编辑：李军政

出版发行：**中国文史出版社**
社　　址：北京市海淀区西八里庄 69 号院　　邮编：100142
电　　话：010 - 81136606 81136602 81136603（发行部）
传　　真：010 - 81136655
印　　装：北京地大彩印有限公司
经　　销：全国新华书店
开　　本：710 × 1020　1/16
印　　张：14.5
字　　数：100 千字
版　　次：2019 年 1 月北京第 1 版
印　　次：2019 年 1 月第 1 次印刷
定　　价：48.00 元